Wiebke Kramp

HELGOLAND

Wiebke Kramp

HELGOLAND

Reisereif für die Insel

Koehlers Verlagsgesellschaft mbH
Hamburg

Ein Gesamtverzeichnis der lieferbaren Titel schicken wir Ihnen gern zu.
Bitte senden Sie eine E-Mail mit Ihrer Adresse an: vertrieb@koehler-books.de
Sie finden uns auch im Internet unter: www.koehler-books.de

Bibilografische Information der Deutschen Nationalbibliothek
Die Deutsche Nationalbibliothek verzeichnet diese Publikation in der
Deutschen Nationalbibliografie; detaillierte bibliografische Daten sind im
Internet über http://dnb.d-nb.de abrufbar.

ISBN 978-3-7822-1013-3

© **2010 by Koehlers Verlagsgesellschaft mbH, Hamburg**
Ein Unternehmen der Tamm Media

Lektorat: Keren Bewersdorf
Herstellung: Julia Stumpf
Produktionsmanagement: impress media GmbH,
Mönchengladbach

Printed in Germany

INHALT

VORWORT

Inseln sind ein Faszinosum – und da bildet Helgoland keine Ausnahme. Im Gegenteil: Geprägt von den drei Ws: Wasser, Wind und Weite trägt dieses vergleichsweise winzige Stück Land mitten im Meer einen ganzen Mikrokosmos in sich. Es ist ein kleiner Klotz mit großer Ausstrahlung. Schillernd wie ein Heringsschwarm blitzen so viele faszinierende Facetten auf, die es wert sind, näher beleuchtet zu werden. Die viel zitierten Alleinstellungsmerkmale gibt es hier nämlich tatsächlich an jeder Ecke. Unzählige Besonderheiten machen den Unterschied zu anderen Inseln aus.

Ein guter Grund also, mit diesem Buch Lust auf Helgoland zu wecken, genauer gesagt Reiselust darauf, den roten Felsen selbst zu erkunden, auf Entdeckungstour zu gehen und einzutauchen in diese ganz eigene Welt, die sich von der schnelllebigen Festlandshektik wohltuend unterscheidet.

Es gibt nur einen Rat: Wagen Sie den Weg übers Wasser und machen sich selbst ein Bild von dieser Insel.

Fröhliche Grüße
Ihre Wiebke Kramp

HELGOLAND
HERBER CHARME AUF HOHER SEE

Irgendwo ins grüne Meer
Hat ein Gott mit leichtem Pinsel
Lächelnd, wie von ungefähr
Einen Fleck getupft: die Insel.
(James Krüss)

Sie sind reif für die Insel. Gut so, dann ist Helgoland die beste Wahl. Nirgendwo sonst kann in Deutschland rundum so ein Weitblick erlebt werden, wo sich Meer und Himmel am Horizont vereinen. Es ist einer der sonnenreichsten Plätze Deutschlands. Dazu kommen viele weitere Pluspunkte: Pollenarmut und saubere Luft durch Autofreiheit schätzen Allergiker, Zollfreiheit kommt dem Geldbeutel bei ausgedehnten Shoppingtouren zugute, Badenixen und Sonnenanbeter erleben paradiesische Zustände auf der Düne und Naturliebhaber können hier übers ganze Jahr seltene Tiere ganz nah in freier Wildbahn erleben. Und alles vereint sich auf kleinstem Raum.

Helgoland ist mehr als ein roter Buntsandsteinklotz in der Nordsee. Ein zauberhaftes Ziel mitten im Meer. Dieser kleine Fleck Erde in der Deutschen Bucht liegt am weitesten

vom Festland entfernt, über 50,00 Kilometer ist es von der Küste weg und nennt sich daher Deutschlands einzige Hochseeinsel.

Deät Lun (das Land) nennen Insulaner ihren Felsen selbstbewusst in der eigenen friesischen Sprache und manchmal sprechen sie auch vom Knust. Nur knapp einen Quadratkilometer groß, bietet die Insel jede Menge Abwechslung, natürlich vor allem in der Saison.

Helgoland besteht aus zwei Inseln: die Hauptinsel, im Helgoländer Sprachgebrauch liebevoll in Unterland, Mittelland und Oberland unterteilt, mit einer Fläche von rund einem Quadratkilometer und der kleinen vorgelagerten Düne, die eine Ausdehnung von rund 0,70 Quadratkilometern hat. Seit 1721 ist sie nicht mehr mit der Hauptinsel verbunden. Mit seinen rund 1.400 Einwohnern bildet die Insel eine amtsfreie Gemeinde im Kreis Pinneberg (Schleswig-Holstein).

Die Insel ist zwar Teil des deutschen Wirtschaftsgebietes, gehört aber zolltechnisch weder zur Europäischen Union noch zu Deutschland.

Für einen Tagesausflug ist Helgoland ebenso geeignet wie für die Wochenend-Auszeit zum Seelebaumelnlassen oder sogar den mehrwöchigen Jahresurlaub, der den ausgebrannten Akku garantiert wieder auflädt.

Gäste erwartet Natur pur, saubere Luft und klares Wasser. Herber Charme und raue Herzlichkeit machen die Insel aus. Hier geht alles einen Gang langsamer und das macht ganz schnell die auf dem Festland herrschende Hektik vergessen.

Allerdings, wer über Nacht bleibt, sollte sich rechtzeitig um eine Unterkunft kümmern. Besonders in der Hauptsaison könnten sonst die über 2.500 Gästebetten schon belegt sein, für eine Nacht wird während des Sommers ohnehin nicht so gern vermietet, manchmal ist tatsächlich Überzeugungsarbeit notwendig.

Eine Tagestour ist ein gutes Einsteigerprogramm. Aber das richtige Inselflair stellt sich tatsächlich erst so richtig ein, wenn die Schiffe mit ihrem Schwarm Passagieren wieder abgelegt haben. Erst dann hat man die Chance, die Schönheiten dieser kleinen Insel auf sich wirken zu lassen und so richtig zu genießen.

Wer einmal den tiefroten Sonnenball am Horizont hinter der Langen Anna hat ins Meer tauchen sehen oder einen Mondaufgang hinter der Düne erlebt hat, weiß, was

Helgoland in Zahlen

Position:	54°11' nördliche Breite, 7°53' östliche Länge. Deutsche Bucht
Zugehörigkeit:	Amtsfreie Gemeinde im Kreis Pinneberg.
Bundesland:	Schleswig-Holstein.
Größe:	Hauptinsel rund 1 Quadratkilometer, Gliederung in die 3 Ebenen Ober-, Unter- und Mittelland, Düne 0,70 Quadratkilometer.
Einwohner:	rund 1.400
Gästebetten:	über 2.500
Höchstes Bauwerk:	113 Meter hoher Richtfunkturm der Deutschen Telekom.
Häfen:	Südhafen, Binnenhafen, gemeindlicher Nordost-Hafen sowie Dünenhafen.
Strände auf der Hauptinsel:	Südstrand (zwischen Landungsbrücke und Zollpier), Nordstrand auf dem Nordost-Gelände (bei der Jugendherberge).

Die weißen Seebäderschiffe ankern auf der Reede.

Der Binnenhafen mit den Hummerbuden gehört zu den Sehenswürdigkeiten, die sich kein Tourist entgehen lassen sollte.

für eine faszinierend beglückende Schauspielerin die Natur sein kann. Man muss gar nicht poetisch veranlagt sein, um zu hören, wie der Wind mit den Wellen sein Duett singt und die drei Leuchtturmstrahlen dazu den Takt vorgeben.

Aber auch Schietwettertage müssen nicht prinzipiell mies sein. Und auch Sturmtage können durchaus ihren Reiz haben, weil sie dem Menschen die Stärke der Elemente ganz deutlich vor Augen führen, wenn das Wasser kocht und der Gang um die Klippe zum Nervenkitzel wird. Wenn Schiffe den sicheren Hafen nicht mehr verlassen, Wellen sich zu Gebirgen türmen und meterhoch gegen die Molen peitschen, ist dies ein Erlebnis, das man in dieser Form hautnah nur hier erleben kann. Glücklicherweise gibt es für solche Tage gute Wetterkleidung, die es übrigens in erstaunlich großer Auswahl auch hier zu kaufen gibt. Und wer einmal auf der Insel wegen Sturms festsaß und weder mit Schiff noch Flugzeug wegkommen konnte, erlebt, wie die Natur den Menschen in seine Schranken verweisen kann.

Tagesbesucher haben natürlich kaum die Chance, waschechte Insulaner näher kennen zu lernen. Aber Vorsicht: Gern spinnen See-bären auch mal ordentlich dickes Seemanns-garn zusammen. Zart besaitet sollte man ohnehin im Umgang mit Helgoländern nicht sein, die für ihren derben Humor bekannt sind. Aber wie so oft: Hinter rauen Schalen verbirgt sich meist auch hier der weiche Kern. Da kann man die Helgoländer durchaus mit Miesmuscheln vergleichen.

Wege übers Wasser

Alle Wege führen übers Wasser. Egal ob Tages-trip oder mehrtägiger Urlaub, beschauliche Minikreuzfahrt mit dem Dampfer oder Kata-maran-Highspeed-Törn: Die rund 60,00 Kilo-meter Entfernung von der Küste erfordern bereits bei der Anreise Planung. Die Nordsee ist eben keine Badewanne. Selbst wenn auf dem Festland nur ein laues Lüftchen weht, sieht das auf hoher See meist anders aus.

Wer einen Tagesausflug unternehmen möchte und nicht an ein bestimmtes Datum gebunden ist, sollte am besten daher schon vorher im Wetterbericht die Großwetterlage verfolgen.

Kurs auf Helgoland zu nehmen, ist eine gute Wahl, weil die Hochseeinsel jede Menge zu bieten hat.

Sind Regentage oder Sturmtiefs im Anmarsch, lieber den Termin verschieben. Auch direkt nach einem Sturm ist die Seereise für Empfindliche nicht unbedingt zu empfehlen. Das Meer kann dann noch immer ganz schön kabbelig sein.

Angst zu haben braucht aber wirklich keiner: Die Schiffe sind nach modernen EU-Sicherheitsstandards ausgebaut und sichere und sehr bequeme Verkehrsmittel.

Die Seebäderschiffe fahren in der Saison ab den Häfen Hamburg, Cuxhaven, Büsum, und Wilhelmshaven. Allein die Fahrt ist ein Erlebnis. Es führt vorbei an den Sandbänken des Weltnaturerbes Wattenmeer, an Leuchtfeuern und Schiffswracks. Küstenmotorschiffe, Kreuzfahrer oder Containerriesen begegnen den Helgolandfahrern. Angekommen ankert das Schiff in der Saison auf der Reede vor dem roten Felsen und die Passagiere werden von den inseltypischen Börtebooten ein- und ausgebootet. In den Wintermonaten fährt das Seebäderschiff direkt in den Südhafen hinein, dann entfällt das Ausbooten. Auch die Gäste vom Katamaran werden nicht ausgebootet.

Die Seebäderschiffpassagiere werden von der Börte ein- und ausgebootet.

Hier geht's an Bord:

Cuxhaven ist der ganzjährige Basishafen für Helgoland. In der Saison vom 1. Mai bis 30. September liegt der Seebäderdienst in den Händen der Helgoline der Fördereederei Seetouristik mit Sitz in Flensburg, die neben der von ihr gecharterten MS ATLANTIS auch den Katamaran HALUNDER JET betreibt.

Die über 75,00 Meter lange MS ATLANTIS ist das größte klassische Seebäderschiff. Bis zu 1.000 Fahrgäste können auf ihr Platz finden. Es gibt sechs verschiedene Salons auf vier Decks.

In die kleinen Börteboote umzusteigen, ist für Inselbesucher schon das erste Abenteuer vor der eigentlichen Anlandung. Aber keine Angst: Börteboote gelten als eines der sichersten Verkehrsmittel.

Die Überfahrt zwischen Cuxhaven und Helgoland mit dem 18 Knoten schnellen Dampfer dauert rund zweieinhalb Stunden. Die Passagiere müssen auf der Helgoländer Reede von der ATLANTIS in die Börteboote einsteigen und betreten dann auf der Landungsbrücke Inselboden.

Die schnellste Schiffsverbindung bietet allerdings der Katamaran HALUNDER JET. 580 Passagieren bietet er Platz. Zwischen Mitte März und bis in den Oktober hinein startet er morgens um 8.00 Uhr an den Landungsbrücken in Hamburg-St.Pauli, legt an der Elbe Zwischenstopps in Wedel und Cuxhaven ein. Rund 70 Minuten dauert dann die Überfahrt von Cuxhaven nach Helgoland, wo das Hochgeschwindigkeitsschiff mittags im Südhafen die Leinen festmacht. Das Ausbooten entfällt, man geht über die Gangway an Land.

Telefonhotline: 0180/3 20 20 25

Fahrpläne, Preise und Onlinebuchung unter: *www.helgoline.de*

Eine ganzjährige Schiffsverbindung nach Helgoland gibt es nur über Cuxhaven. Zwischen November und Ende Februar verkehrt das Schiff allerdings nicht täglich. Im Herbst, Winter und Frühjahr ist die Reederei Eils Helgolandversorger. Die MS ATLANIS oder die MS FUNNY GIRL machen um 10.30 Uhr ab Innenkante Alte Liebe die Leinen los.

Reederei Cassen Eils, Bei der Alten Liebe 12, 27472 Cuxhaven,
Telefon: 04721/3 50 82 · Internet: www.helgolandreisen.de

Ab Büsum sind zwischen März bis in den Herbst hinein zwei Reedereien im Helgoland-verkehr tätig.

Die in Büsum ansässige Reederei Rahder setzt ihre LADY VON BÜSUM ein. Die Abfahrt erfolgt dort morgens um 9.15 Uhr. 483 Passagiere finden auf dem 47,50 Meter langen Schiff Platz. Sie haben drei bis vier Stunden Inselaufenthalt.

Fahrpläne, Preise und Angebote online unter: *www.rahder.de*

Die Reederei Cassen Eils fährt mit ihrer FUNNY GIRL (68,57 Meter lang) täglich in der Saison die Helgolandroute. 800 Fahrgäste können mit 19 Knoten Geschwindigkeit befördert werden. Die Abfahrt ab Büsum erfolgt morgens um 9.30 Uhr. Die Reederei garantiert vier Stunden Inselaufenthalt.

www.helgolandreisen.de

Und was sollte man als Tagestourist auf jeden Fall erlebt haben?

Tourismusdirektor Klaus Furtmeier:
»Das kommt natürlich darauf an, ob man hier zum ersten Mal ist oder die Insel schon öfters besucht hat. Aber den Inselrundgang beziehungsweise eine Inselführung durchs Oberland auf den Themenwegen Natur, Kultur und Geschichte entlang des Klippenrandweges, die Hummerbudenzeile und das Museum kann ich auf jeden Fall empfehlen.
Und Shopping, denn der Preisvorteil gegenüber dem Festland ist nach Erhöhung der Freimengen vor allem bei höherpreisigen Produkten interessant. Und wenn die Zeit noch reicht, sollte man die Düne inklusive geführter Dünentour und den Naturlehrpfad erlebt haben.«

Auf keinen Fall versäumen sollte man den Besuch der pittoresken Hummerbudenzeile am Binnenhafen.

Ab Wilhelmshaven fährt in den Sommermonaten die MS HELGOLAND der Gesellschaft Wilhelmshaven Helgoland Linie. Das 16-Knoten-Schiff ist über 77,00 Meter lang und hat Sitzplätze für 550 Passagiere. Um 9.00 Uhr startet die Reise in Wilhelmshaven, nach rund drei Stunden Fahrt werden auf der Reede Helgoland die Anker gesetzt. Knapp vier Stunden Inselaufenthalt haben Tagesgäste.

Info und Buchung unter: 0 18 05/22 86 61.

Internet: www.helgolandlinie.de

Annäherung aus der Luft

Wer nicht auf Minikreuzfahrt mit dem Seebäderschiff oder Katamarantrip steht, hat die Möglichkeit, die Insel aus der Luft anzusteuern. Das ist die schnellste Verbindung überhaupt. Und der Flug mit der neunsitzigen Propellermaschine von der Küste übers Wattenmeer hin zur Hochsee ist ein Erlebnis. Vor allem bei klarer Sicht wirken selbst Containerriesen, Inseln und Leuchttürme wie Miniaturen aus dem Spielzeugland. Zuerst gibt es nichts als Meer und dann tauchen der rote Felsen und die weiße Badedüne auf, wo der Flieger zur Landung ansetzt.

Tägliche Fluglinien gibt es das ganze Jahr ab Bremerhaven, Heide-Büsum und Hamburg-Uetersen. Allerdings sind auch hier natürliche Grenzen gesetzt und das Wetter spielt eine

Spektakulärer Blick inbegriffen: Die Flugpassagiere landen mit den kleinen Propellermaschinen mitten auf der Düne.

Rolle. Nebel setzt die Inselflieger beispielsweise außer Gefecht. Und kann die Dünenfähre wegen starken Sturms nicht verkehren, legt dies auch die Flüge lahm. Der Inselflugplatz liegt nämlich auf der Badeinsel.

Mehrmals täglich fliegt die OLT ab Bremerhaven und Heide-Büsum (Westküste Schleswig-Holsteins). Nach nur rund 20 Minuten landet die neunsitzige Maschine auf dem Dünen-Flugplatz. Telefonische Anfragen und Buchungen jeweils unter *Telefon 04 71/7 71 88 · Internet: www.olt.de oder www.flughafen-helgoland.de*

Die Air Hamburg hält die Verbindung vom Stadtrand der Hansestadt. Die modernen Inselflieger starten in Uetersen und landen direkt auf der Düne. Die Flugzeit dauert ungefähr 45 Minuten.

Air Hamburg Luftverkehrsgesellschaft mbH, Kleine Bahnstraße 8, 22525 Hamburg, Telefon 0 40/70 70 88 90 · www.air-hamburg.de

Empfehlung für einen Tagestrip:

Egal ob die Anreise übers Wasser oder durch die Luft erfolgt, wettergerechte Kleidung, festes Schuhwerk, Rucksack oder bequem zu tragende Tasche sind ein Muss, denn Helgoland ist eine Fußgängerinsel. Zwar gibt es Taxi und eine Insel-Bimmelbahn zu den Sehenswürdigkeiten, aber um die Insel oder die Düne zu erkunden und ihre Besonderheiten zu erleben, haben die Füße eine tragende Rolle.

Helgoland ist in erster Linie Fußgängerinsel, daher sollten Besucher auf bequemes Schuhwerk und wettergerechte Kleidung setzen.

URLAUB – ABER WANN?
REISEZEIT

Wann die beste Reisezeit für einen Urlaub ist, lässt sich so pauschal natürlich nicht sagen, weil jeder seine persönlichen Vorlieben hat und eigene Anforderungen stellt. Es sprechen allerdings rund ums Jahr gute Gründe dafür, hierher zu fahren.

Wer mit Kindern reist, ist vom Frühjahr bis in den Herbst hinein gut aufgehoben – am allerbesten natürlich, wenn die Wetterzeichen auf Strandbesuch stehen. Nichts ist für ganz Kleine toller, als in dieser riesigen »Sandkiste« buddeln zu können und mit Wasser herumzumatschen. Beim Wellenbaden, Steinesammeln oder Seehundbeobachten braucht man sich auch bei größeren Kindern keine großartigen Gedanken um ein sonstiges Ferienprogramm zu machen.

Und sollte das Wetter vielleicht doch mal nicht so mitspielen, dann bietet die Insel doch einiges an Besichtigungspotenzial. Im Museum, dem Aquarium und besonders auch der Bücherei ist guter Zeitvertreib angesagt, bei dem so ganz nebenbei noch Lerneffekte wirksam werden. Natürlich ist auch das Schwimmbad eine gute Adresse. Die Tourismusverwaltung bietet während der Saison monatliche Terminvorschauen, die alle Angebote für Jung und Alt gebündelt aufzeigen.

Zwar gibt es für naturkundlich Interessierte das ganze Jahr über genügend Dinge zu entdecken, aber für sie eignen sich besonders die Zugzeiten der Vögel – also das

Keinesfalls kitschig, sondern einfach nur schön: Ein- oder zweisame Strandspaziergänge im Schein der langsam ins Meer versinkenden Abendsonne sind purer Naturgenuss, der allerdings Tagestouristen verwehrt bleibt.

Frühjahr sowie Spätsommer und Herbst. Und dann natürlich die Kegelrobben-Wurfzeit im Dezember/Januar mit den Spezialführungen auf der Düne.

Partygänger sollten sich vorher den Veranstaltungskalender genau anschauen. In der Saison gibt es diverse Festivitäten, bei denen die Insel zum Feierland wird. So ist die pfingstliche Nordseewoche nicht nur in Skipperkreisen berühmt und auch die Feten der anderen Regatten sind längst kein Geheimtipp mehr. An Veranstaltungen herrscht in der Saison kein Mangel, auch sportlicher Art, von Marathon bis Beachvolleyball reicht die Palette.

Ein besonderer Anziehungspunkt bildet in jedem Jahr Silvester. Es hat sich herumgesprochen, dass der Jahreswechsel hier gut gefeiert werden kann. Ob in der Nordseehalle bei einer Riesenparty mit Livemusik oder gemütlich bei einem Menü in der Gastronomie – jeder Geschmack wird bedient. Und dann gibt es für alle sogar einen krönenden Höhepunkt: Wenn das mitternächtliche Höhenfeuerwerk Land und Meer in bunte Lichter taucht, ist dies für viele ein gutes Zeichen des Abschieds vom alten und Begrüßung des neuen Jahres.

Wo Gesundheit und Wellness im Mittelpunkt des Besuches stehen, ist eigentlich das ganze Jahr eine gute Reisezeit. Erholung pur bieten insbesondere die Herbst- und Wintermonate. Da kann es durchaus vorkommen, dass man die Strände oder den

Wetterfest eingepackt bedeutet Dünenspaziergang am Nordstrand auch bei einer Brise eine richtige Wohltat. Kopf, Körper und Seele werden ordentlich durchgepustet.

Spazierweg um die Klippen ganz für sich allein hat. Allerdings muss man während dieser Zeit auch in Kauf nehmen, dass nicht alle Restaurants und Geschäfte geöffnet haben und Veranstaltungen Mangelware sind.

Der Südstrand der Düne macht hier seinem Namen alle Ehre. Urlaub unter Palmen – selbst dieses Gefühl vermag die in vielerlei Hinsicht vielseitige Urlaubsinsel zu vermitteln, auch wenn die Temperaturen nur selten in tropische Zonen klettern.

LAND IN SICHT, ABER WIE KOMMT DER KLOTZ INS MEER?
KLEINER GEOLOGISCHER AUSFLUG

Wie ein riesiges Tortenstück ragt der Felsklotz aus dem Meer. Helgoland unterscheidet sich schon äußerlich von allen anderen Inseln vor der Nordseeküste, die vergleichsweise Pfannkuchenformat haben. Hier waren mächtige geologische Kräfte am Werk, ein Prozess, der sich über etliche Millionen Jahre hinzog, bis schließlich der Buntsandsteinfelsen auftauchte.

Die Entstehung dauerte Millionen Jahre. Sie reicht bis zirka 260 Millionen Jahre zurück. Wir befinden uns im Zeitalter Perm. Auf dem Urkontinent kommt es zu Meereseinbrüchen, das arktische Meer dringt vor bis ins heutige mitteleuropäische Gebiet. Als das Klima wärmer wird, verdampft das Wasser wieder, hinterlässt dabei Rückstände aus Kalk, Salzen und Gesteinen.

Als Verwitterungsschutt aus umliegenden Hochgebieten sammelt sich Buntsandstein an, der zusammengepresst wird. Es folgen verschiedene Stadien des Trockenliegens und der Überflutung. In der Muschelkalkzeit bilden sich Kalke und Sandsteine. Als sich das Meer erneut zurückzieht und das Land sich hebt, tauchen Kreideablagerungen auf, im Nordseebecken bilden die Ablagerungen später den Untergrund der Düne.

Vom tropischen und subtropischen Klima gibt es eine Veränderung hin zum gemäßigten, kühlen. Eiszeiten gehen über die Nordsee hinweg. Am Ende der Eiszeit ist die gesamte südliche Nordsee Festland, England gehört dazu und auch Helgoland. Es folgt eine Periode der Landsenkung; das Meer rückt wieder vor. Es kommt zu weiteren Ablagerungsschichten von Verwitterungsmaterial aus dem Gebirge. Durch den Druck der Geröllmassen verfestigen sich die verschiedenen Schichten. Die Dichte nimmt zu. Das Salzgestein reagiert auf den zunehmenden Druck, indem es an Schwachstellen aufsteigt und dabei aufliegende Steinschichten mitnimmt. So hebt sich der Buntsandstein nach oben. Im Fachjargon wird dieser salztektonische Prozess Halokinese genannt.

Diese Schichtenbildung lässt sich heute noch gut am Felsen mit seinen auch farblich unterschiedlichen Bändern und verschiedenen Gesteinsarten beobachten.

Mehrere tausend Jahre nach Ende der letzten Kaltzeit, als die heutige Nordsee bereits gebildet war, löst sich Helgoland unter anderem durch Wasseranstieg vom östlichen Festland. Wann genau es allerdings zur Inselbildung kam, lässt sich nicht genau sagen. Geologen gehen davon aus, dass es zirka 2000 bis 1500 vor Christus zum Inselstatus kam. Spekulativ bleiben auch weitere Veränderungen, denn brauchbares Kartenmaterial gibt es erst seit dem 16. Jahrhundert.

Die verschiedenen Gesteinschichten als farblich unterschiedliche Bänder lassen sich am Felsen gut beobachten.

Wann genau es zur Inselbildung kam, lässt sich nicht genau sagen. Geologen kürten jedenfalls diesen besonderen Klotz im Meer zu einem von 77 nationalen Geotopen.

ALTE DAME IN GEFAHR

Woher sie ihren Namen tatsächlich hat, bleibt wohl das Geheimnis der alten Dame. Die Lange Anna ist seit 1865 Wahrzeichen Helgolands. Entstanden ist das markante Naturdenkmal durch Felsabbrüche an der Nordspitze der Insel. Es ist Deutschlands einziger freistehender Felsturm.
Der eigentliche Name lautet Hengst (helgoländisch: Hingst), Mönch oder Nordhorn-Felsnadel (Nathurn Stak).
Die Legende spricht von einer schlanken, hochgewachsenen Tanzlokalkellnerin namens Anna als Namenspatronin. Sei es drum, seit mehr als hundert Jahren hat sich jedenfalls der Name durchgesetzt.
1976 erhielt die Lange Anna durch Teilabbruch der Nordspitze eine kleine Schwester. Und weitere Abbrüche der porösen Felsen liegen in der Natur der Sache und müssen erwartet werden. Der Buntsandsteinklotz ist in Gefahr. Wind, Wellen und Wetter nagen an dem Koloss. Seine Existenz steht auf der Kippe. Besondere Gefahr drohen vor allem durch Unterspülungen sowie Frostschäden.

Sie trotzt seit fast 150 Jahren Wind und Wetter: Die Lange Anna ist Deutschlands einziger freistehender Felsturm und markantes Markenzeichen.

Lange Anna in Zahlen

Höhe:	47,00 Meter
Grundfläche:	180,00 Quadratmeter
Durchmesser:	rund 21,00 Meter am Fuß und am Kopf 14,00 Meter
Gesamtvolumen:	11.700 Kubikmeter
Gesamtgewicht:	26.910 Tonnen

WER KREISCHT DENN DA AUF DEM VOGELFELSEN?

LOGENPLATZ AUF DIE KINDERSTUBE DER SEEVÖGEL

Er gilt als kleinstes Naturschutzgebiet der Erde. Der Lummenfelsen ist der einzige Brutfelsen für Meeresvögel in Deutschland. Einer mit enormem Zulauf: Jedes Jahr brüten auf den schmalen Felsbändern der Westklippen auf engstem Raum mehr als 10.000 Vögel und können von März/April bis in den September hinein hervorragend vom Klippenrandweg auf dem Oberland beobachtet werden.

Die Massen der Seevögel sind beeindruckend und nur scheinbar herrscht hier ein wuseliges, dicht gedrängtes Durcheinander an balzenden, nistenden und brütenden Vögeln, denn wie in einer funktionierenden Stadt, herrscht auch hier eine gute Ordnung.

Ein Fernglas ist zwar zu empfehlen, aber nicht unbedingt notwendig, um den Seevögeln ganz genau in die Kinderstuben zu gucken. Zum Beispiel, wenn sie den kreischenden Nachwuchs mit frisch gefangenem Fisch füttern. Aber auch die Flugkapriolen der Alttiere inklusive sicherer Punktlandungen auf den engen Felsvorsprüngen sind bestens zu bewundern. Es ist kein stilles Vergnügen. Da wird ganz schön Krach geschlagen und Rabatz gemacht. Der Nachwuchs hält eben nicht seinen Schnabel, da geht es im Vogel-

Die wie kleine Pinguine aussehenden Trottellummen sind die Wappenvögel. Es soll sie schon so lange geben wie sich die Inselgeschichte zurückverfolgen lässt.

Kindergarten zu wie bei uns Menschen. Auch die Eltern sorgen mit Gekrächze und Gekreische für einen ohrenbetäubenden Lärm. Dazu kommt die Geruchsentwicklung, das Vogelparadies ist nichts für feine Nasen.

Die Anzahl der unterschiedlichen Brutvogelarten ist hier zwar überschaubar, aber das Artenspektrum ist nicht nur einzigartig, sondern überwältigend.

Der Charaktervogel Helgolands ist die Trottellumme (Uria aalge), die aussieht wie ein winziger Pinguin. Mit 42,00 Zentimetern Größe ist sie etwa so groß wie eine Stockente. Die Lumme soll schon so lange hier brüten, wie sich die Helgoländer Geschichte zurückverfolgen lässt. Lummen gehören zur Vogelfamilie der Alken. Gut 2.000 Paare brüten hier, die meisten auf dem Lummenfelsen. Zwischen März und April besetzen sie ihre angestammten Brutplätze. Sie sind zwar nicht die besten Flugkünstler, bewegen sich aber im Wasser äußerst gewandt. Diese ausgezeichneten Taucher fliegen förmlich unter Wasser und ernähren sich in erster Linie von kleinen Schwarmfischen. Das Besondere an der Trottellumme ist die recht spitze Form ihrer Eier, beim Anstoßen drehen sie sich um sich selbst wie ein Brummkreisel. So ist das Ei vor dem Herunterfallen von den Klippen geschützt, denn ein Nest wird nicht gebaut. Während der Brutzeit hocken die Trottellummen dicht gedrängt auf den breiteren Felsbändern und bebrüten das Ei um die 30 Tage auf den Füßen. Die Eltern teilen sich diese Aufgabe. Die Küken werden 20 bis 25 Tage lang von den Eltern mit kleinen Fischen gefüttert – bis zu fünf Mal am Tag. Und dann wird's spannend, die Elterntiere rufen laut nach den Küken: Noch im Daunenkleid und unfähig überhaupt zu fliegen, stürzen sich die Jungvögel in der sommerlichen Abenddämmerung 40,00 Meter vom Felsen mutig in die Tiefe und landen im Wasser. Sie erkennen ihre Eltern am individuellen Lockruf und finden sich so nach dem Sprung wieder. Auf dem Wasser werden sie in die Geheimnisse des Fischfangs eingeweiht. Dieser »Lummensprung«

kann von Anfang Juni bis Juli beobachtet werden. Trottellummen können übrigens über 30 Jahre alt werden.

Der weiße Basstölpel (Morus bassanus) ist der größte Seevogel des Nordatlantiks, benannt ist er nach Bass-Rock im Firth of Forth vor dem schottischen Edinburgh. Schottland und Island

Besonders eindrucksvoll am Vogelfelsen sind die Basstölpel, sie sind die größten Seevögel des Nordatlantiks und können übrigens hervorragend tauchen.

Pures Naturerlebnis und Schutzgebiet bieten die einzigartigen Vogelklippen. Nirgendwo sonst in Deutschland kann so eine Seevögelkolonie beobachtet werden.

sind vor allem seine Heimatgebiete. Erst seit 1991 brütet dieser gänsegroße Vogel auf Helgoland – mit wachsender Tendenz, es scheint ihm zu gefallen. Der Basstölpel ist gut zu erkennen an seinen schwarzen Flügelspitzen und dem hellgelben Kopf. Basstölpel sind Stoßtaucher. In schnellem Sturzflug aus bis zu 40,00 Metern Höhe tauchen sie ins Meer, bis zu 20,00 Meter tief, um so nach fetthaltigen Fischen wie Hering und Makrele zu jagen. Ihre Beutezüge dauern manchmal Stunden, sie entfernen sich dabei viele Kilometer vom Brutplatz. Der Klippenbrüter verbaut unter anderem auch Kunststoffreste und Plastikschnüre als Nestmaterial. Seine Brutzeit ist von März bis August. In ihr Nest legt die Basstölpelin nur ein einziges Ei. Es dauert rund 45 Tage, bis das Küken schlüpft. Das Junge lässt es sich bei den Eltern lange gut gehen – rund 90 Tage, bis es flügge wird. Erst im September verlassen die Basstölpel den Brutfelsen.

Der Tordalk (Alca torda) ähnelt in Aussehen und Lebensweise der Lumme, ist aber etwas kleiner. Sein schwarzes Gefieder ist jedoch glänzender und sein von weißen Binden und Wülsten durchzogener Schnabel breiter und klobiger. Rücken und Kopf sind schwarz und Bauch sowie die Unterseite der Flügel weiß. Brutpaare gibt es lediglich in geringer Anzahl, zwischen 1959 und 1974 kehrten sie dem roten Felsen allerdings den Rücken. Seit 1975 hat sich die Brutvogelzahl jedoch stabil eingependelt. Sie sind oft

Sie bilden die absolute Mehrheit am Vogelfelsen. Dreizehenmöwen sind richtige Schreihälse

schon früh am Vogelfelsen, manche Tiere kommen schon im Februar. Die in Einehe lebenden Tordalke nisten nicht so eng beieinander wie die anderen Felsenbewohner. Brutbeginn ist Mitte Mai. Das Weibchen legt meist nur ein Ei. Es ist recht groß, grau und dunkel gesprenkelt. Auf den Nestbau wird auch bei ihnen verzichtet, das Ei wird auf dem blanken Felsen abgelegt und rund 35 Tage bebrütet. Auch diese Vögel sind hervorragend an das Wasser angepasst und gute Schwimmer und Taucher, die es auf kleine Fische wie Sprotten, aber auch auf Krebse und Würmer abgesehen haben. Und auch Tordalk-Küken – wie die kleinen Trottellummen – müssen im zarten Alter von drei bis vier Wochen den kühnen Sprung in die Tiefe wagen, ohne überhaupt fliegen zu können.

Sie hat am Vogelfelsen die absolute Mehrheit und ist ein richtiger Schreihals: die Dreizehenmöwe (Rissa tridactyla), die zur Familie der Möwen gehört und ihren Namen von der fehlenden vierten Hinterzehe erhielt. Ihr Gefieder ist überwiegend weiß, Rücken und Flügeldecken grau. Sie hat einen leuchtend gelben Schnabel und kurze, schwarze Beine. Von anderen Möwen unterscheiden kann man sie am besten beim Fliegen, denn ihre Flügelspitzen sind pechschwarz und sehen aus wie in Tinte getunkt. Lautstark, schrill und durchdringend ist ihr Ruf. Sie ist ein ebenso geschickter Flieger wie versierter Taucher. In Mitteleuropa brütet diese Art nur

Er ist leicht mit Möwen zu verwechseln, aber nicht mit ihnen verwandt: Der Eissturmvogel ist zwar ein eher unauffälliger Brüter, dafür aber bei weitem der eleganteste Flieger.

auf Helgoland und an der Nordspitze Dänemarks. Am Ende des Winters beziehen die Dreizehenmöwen oft schon Ende Februar ihre Nistplätze, beginnen mit dem Brutgeschäft aber erst im Mai. Sie nisten auf Felsvorsprüngen, ihr Nest bauen sie schichtweise aus Tang und Algen und später kleiden sie es mit Gras aus. Durch diese geschickte Baumeisterkunst können sie selbst auf abschüssigem Fels brüten. Die Dreizehenmöwe legt zwei bis drei Eier, nach vier Wochen schlüpfen die Küken im Juni. Die Jungvögel sind regelrechte Nesthocker, die das »Hotel Mama« lange ausnutzen. Auch wenn sie schon flügge sind, versuchen die hungrigen Tiere ihre Eltern immer noch anzubetteln. Mit ziemlichem Erfolg übrigens: Sie bleiben bis Ende August auf den engen Nistplätzen. Erst im September verlassen sie die Insel gen Nordatlantik.

Er ist der unauffälligste Brüter: Auch der Eissturmvogel (Fulmarus glacialis) ist auf den Vogelklippen zu finden. Er ist erst seit 1972 hier heimisch. Ursprünglich liegt sein Brutgebiet vom arktischen Atlantik bis an die Packeiszone, es hat sich aber in den zurückliegenden hundert Jahren bis zur Nordsee ausgeweitet. Auf den ersten Blick verwechselt man ihn leicht mit Möwen, aber es besteht keinerlei Verwandtschaft. Eissturmvögel sind hervorragende und elegante Flieger. Und wenn selbst Möwen vor Sturmböen kapitulieren und sich nur mühevoll in der Luft halten können, laufen sie

Basstölpel haben für die Hinterlassenschaften der Fischer Verwendung und setzen Tau- oder Netzreste bei ihrem Nestbau ein.

zur Hochform auf und segeln durch die Lüfte. Außerhalb ihrer Brutzeit findet man die Flugkünstler fast nie an Land. Sie haben steife, nahezu gerade Flügel, einen dicken Kopf und geraden Hals. Beim ausgewachsenen Vogel sind Kopf, Hals und Unterseite dunkelgrau oder weiß. Das Gefieder auf der Oberseite der Flügel ist graublau. Zu seiner Nahrung zählen Fische, Schnecken, Muscheln und Quallen. Er pickt sie von der Wasseroberfläche oder ertaucht sie sich. Der Eissturmvogel legt nur ein Ei und baut kein Nest. Allerdings bevorzugt er Ni-

TIPP

Naturbeobachtung der besonderen Art …

… bietet die Tourismusverwaltung in jedem Jahr im Juni an. In Kooperation mit Experten der Vogelwarte finden regelmäßig die Helgoländer Lummentage statt, die den Fokus auf die Seevögelkolonie richtet.

Naturkundliche Führungen werden auch vom Verein Jordsand abgehalten. Der Verein hat im Hafengebiet eine eigene Hummerbude mit Informationen rund um die Besonderheiten der Vogelklippen, anhand von Tierpräparaten kann man sich ein eigenes, ganz nahes Bild von den Seevögeln machen, Telefon 0 47 25/77 87.

Die Vogelklippen selbst sind auch immer Anziehungspunkt für Ornithologen und vogelkundlich Interessierte, die meist gut an ihren hervorragenden Ausstattungen mit Ferngläsern und Kameras zu erkennen sind. Wenn sie direkt mit Sachfragen angesprochen werden, sind viele von ihnen gern bereit, fundierte Auskunft zu geben.

schen aus weicherem Gestein. Das Brüten dauert bei Familie Eissturmvogel mehr als 50 Tage – länger als bei allen anderen Felsbrütern. Die Elterntiere wechseln sich ab. Auch bei der Aufzucht lässt man sich mit rund 50 Tagen Zeit. Wenn sich der Lummenfelsen leert, ziehen sie immer noch ihren Nachwuchs groß. Noch im August hat das Junge sein Daunengefieder. Einmal am Tag wird es mit vorverdautem Fischbrei gefüttert, ja fast schon gemästet. Aus gutem Grund, denn es muss von seinen Kräften zehren. Drei Wochen bevor es überhaupt flügge ist, verlassen die Eltern das Jungtier. Auf ausgebreiteten Schwingen segelt es auf die Wasseroberfläche, wo es von seinen eigenen Fettreserven leben muss sowie von Plankton. Die ersten drei Jahre verbringen junge Eissturmvögel auf dem Meer und kehren erst danach zu den Brutgebieten zurück. Die Tiere erreichen ein hohes Lebensalter und können über 50 Jahre alt werden.

Seevögel in Zahlen

Der Verein Jordsand als Betreuer des Vogelfelsens veröffentlichte für das Jahr 2009 folgende Zahlen:

107	Eissturmvögel	16	Tordalke
424	Basstölpel	14	Heringsmöwen
7.083	Dreizehenmöwen	69	Silbermöwen
2.249	Trottellummen	1	Mantelmöwe

Die gute Nachbarschaft der Seevögel lässt sich am besten durchs Fernglas oder Teleobjektiv der Kamera beobachten.

VOM SCHMUGGLERNEST ZUM NORDSEEBAD

FOSETES-LAND

So klein die Insel auch ist, ihre Geschichte ist wechselvoll und Seeräuber, Schmuggler, Seelotsen und Fischer haben sie geprägt, ebenso wie die verschiedensten Landesherren.

Schon in der Steinzeit war das Land besiedelt, da gehörte die Insel allerdings noch zum europäischen Festland. Bronzezeitliche Funde rund um Helgoland lassen zumindest vermuten, dass es hier bereits zu diesem Zeitpunkt einen Handelsplatz gab. Mindestens seit dem 7. Jahrhundert ist die Insel fest in Friesenhand. Es gab eine Kultstätte, wohl einen Tempel und eine als heilig geltende Quelle. Als älteste gesicherte Nachricht über Helgoland zählen die Aufzeichnungen über den heiligen Willibrord.

Eine Missionsreise führte ihn um 699 auf Fosetes-Land. Radbod, der sagenhafte Friesenkönig, hatte hier das Sagen. Verehrt wurde die friesische Gottheit Fosete. Davon ließen sich die stolzen und sturen Friesen nicht abbringen und so scheiterten Willibrords Missionsbemühungen, den christlichen Glauben unters Volk zu bringen. Die Christianisierung gelang erst etwa 100 Jahre später Bischof Liudger von Münster, der allerdings auch erheblich massiver zur Sache ging. Er ließ die friesischen Kultstätten zerstören und an ihrer Stelle Gotteshäuser errichten. So berichtet Adam von Bremen um 1075 über den roten Felsen, der so markant aus der Nordsee ragt: »Alle Seefahrer, besonders die Piraten, meiden den Ort, daher hat er den Namen Heiligland erhalten.« Und er weiß von Eremiten zu berichten, die hier abgeschieden leben und Unterstützung von Schiffern erhalten.

Zur Zeit der Hanse waren Helgoländer Fischer gefragt, sie kannten sich schließlich mit den Strömungsverhältnissen und Untiefen im Mündungsgebiet der Elbe aus, machten sich als Lotsen einen guten Ruf und verdienten fortan gutes Geld mit diesen Seefahrtsdiensten.

Im Mittelalter dürfte das Land auf hoher See, ideal mitten in der Deutschen Bucht gelegen, Seeräubern willkommener Stützpunkt und Schlupfwinkel gewesen sein.

Zwar gibt es keinen direkten Beweis, aber der legendäre Claus Störtebeker und seine berüchtigten Vitalienbrüder wurden nach einer Seeschlacht 1401 mit einem Hamburger Flottenverband in der Nähe Helgolands in Gefangenschaft genommen und später in der Hansestadt hingerichtet. Helgoland gehörte zu dieser Zeit zu Schleswig.

Zum bedeutenden Fischereistandort wurde die Insel ab dem 15. Jahrhundert. Berichtet wird von riesigen Heringsschwärmen. Kaufleute aus Hamburg, Stade und Bremen nutzten dies gewinnbringend, indem sie Niederlassungen errichteten. Damals gab es noch eine Landzunge aus Geröll und Sand zwischen der Hauptinsel und einem östlich gelegenen Muschelkalkfelsen namens Witte Kliff (weißes Kliff). Dieser Wall wurde in der Silvesternacht 1720/1721 bei einer Sturmflut zerstört. Für Beschleunigung sorgte wohl auch, dass in Auftrag der Gottorfer Landesherrschaft hier Gipsabbau im großen Stil betrieben wurde. Dass die Helgoländer aus Geldgier hier selbst Hand anlegten, darf bezweifelt werden. Jedenfalls gibt es seitdem zwei Inseln, die Hauptinsel und die Düne als Rest des Kliffs.

Ab 1714 unterstand Helgoland dem dänischen Königshaus. Als es zu Auseinandersetzungen zwischen England und Frankreich um die Vorherrschaft in Europa und schließlich der Kontinentalsperre durch Napoleon und seine Truppen kam, befand sich die dänische Insel außerhalb der Blockadelinie der französischen Schiffe. So wurde dieser abgelegene Ort schnell zu einem lebhaften Schmugglernest und als Schlupfloch für die Engländer höchst interessant, um die Kontinentalsperre zu knacken. Britische Truppen besetzten daher 1807 die Insel und verleibten sie ihrer Kronkolonie ein.

Helgoländer Einwohner haben viele Jahrhunderte zurückliegende friesische Wurzeln.

Jetzt ging der schwunghafte Handel erst so richtig los. Von hier aus wurden englische Kolonialwaren, Nahrungsmittel, Tuche und andere begehrte Luxusgüter wie Kaffeebohnen umgeschlagen, auf die das von Frankreich beherrschte Festland verzichten musste. Plötzlich gab es ein Leben in Saus und Braus. Die englischen Waren wurden zur Küste geschmuggelt und zu horrenden Preisen verkauft. Täglich liefen bis zu 400 Schiffe ein und aus. Prosperität bestimmte in dieser Zeit das Leben der Helgoländer. Sie profitierten durch Verkauf von Land, Vermietung von Wohnraum und Lagerhallen, das Löschen der ankommenden Schiffe und vor allem aufgrund ihres seemännischen Geschicks. Bei den gefährlichen, meist nächtlichen Schmuggelfahrten übers Meer zur Küste waren ihre Dienste gefragt.

Schlagartig nach Beendigung der Kontinentalsperre 1814 musste die Helgoländer Bevölkerung, der es vorher wie der Made im Speck gegangen

Ein Denkmal ist Jacob Andresen Siemens gewidmet, der es trotz vieler Widerstände schaffte, seine Landsleute zu überzeugen, dass die Seebadgründung genau die richtige, zukunftsweisende Entscheidung sei.

sein muss, empfindliche Einbußen in Kauf nehmen. Dazu kam, dass die britischen Machthaber ihre Truppen abzogen. Auch das Lotswesen, bei dem Helgoländer Männer traditionell eine Monopolstellung hatten und ihren Lebensunterhalt gut verdienten, brach aufgrund verbesserter Seekarten ein.

Armut drohte, eine neue Erwerbsquelle musste her. Der als eigenbrötlerisch und grüblerisch geltende Helgoländer Jacob Andresen Siemens (1794 bis 1849) erwies sich hier als Visionär. Dem Zeittrend folgend, hatte der Kontorist, Schiffszimmermann und Ratsherr den zündenden Gedanken, aufgrund der guten natürlichen Ressourcen ein Seebad zu gründen. Dafür erntete er zwar zunächst nur Hohn und Spott, setzte sich aber letztlich durch beharrliche Überzeugungsarbeit durch. Er schaffte es, Mitstreiter zu begeistern und ein Grundkapital von 1.900 Hamburger Mark an Anleihen von je 100 Mark für die Aktiengesellschaft »Badeanstalt Helgoland« zusammenzubringen. Es war die Blütezeit der Seebadgründungen, in Frankreich und England hatte man

»Ankunft auf Helgoland« betitelte der Zeichner Mevius in dieser Lithographie von Beer 1842 die Szene, damals wurde noch am Strand angelandet.

Helgoland mit Düne.

Grün ist das Land,
Rot ist die Kant,
Weiss ist der Sand,
Das sind die Farben von Helgoland.

Bereits während des 19. Jahrhunderts war die Insel mondänes Seebad mit Anziehungskraft für Adel, Großbürgertum, Künstler und Wissenschaftler. (Photo-Dienst Höhler, Helgoland)

die Heilkraft des Meeresklimas bereits entdeckt und auch an der deutschen Nord- und Ostsee wurden Seebäder aus der Taufe gehoben (das erste 1794 in Heiligendamm).

1826 schlug die Geburtsstunde des Nordseebades. Aus heutiger Sicht war es ein schlichter Anfang: Begonnen wurde mit vier Badekarren auf der Düne und zwei auf der Insel. An die Inselbevölkerung erging der Aufruf, wer während des Sommers »Einlogierer« haben wolle, möge sich bei der Direktion der Badeanstalt melden.

Zu einem Privileg der Helgoländer Fischer wurde das Ausbooten der Gäste aus den ankommenden Schiffen, denn einen Hafen gab es noch nicht. 100 Badegäste wurden in der ersten Saison gezählt, zwei Jahre später waren es bereits doppelt so viel. Ab 1834 gab es eine regelmäßige Fährlinie durch die Hamburger Raddampfer PATRIOT und ELBE. Schon 1838 wurde die Tausendermarke an Gästen übersprungen. Allmählich wurden auch Verbesserungen vorgenommen, ein Konversationshaus eingerichtet und Ort und Häuser verschönert. Schnell entwickelte sich die Insel mit ihren idealen Bademöglichkeiten auf der Düne zum beliebten und mondänen Reiseziel bei Adel und Künstlern, was wiederum andere Gäste nachzog.

Als segensreich erwies sich der niederländische Badearzt von Aschen, der den Winter zur eigenen Weiterbildung in Kliniken nutzte, aber auch um in internationalen Adelskreisen neue Kontakte zu knüpfen, die sich positiv für Helgoland auswirkten, für dessen Heilkräfte er tüchtig warb. 1847 soll Helgoland der Treffpunkt des vornehmsten europäischen Publikums gewesen sein.

Und auch die wissenschaftliche Bedeutung wurde im 19. Jahrhundert erkannt und ausgebaut, renommierte Forscher fanden den Weg übers Meer und waren schnell fasziniert von der Vielfalt der Flora und Fauna.

Mehr als 20-mal hat der Kaiser Wilhelm II. Helgoland besucht. Sein Interesse bei den Stippvisiten galt vor allem dem Ausbau der Festungsanlagen.

Am 9. Mai 1864 hatten die Helgoländer vom Oberland aus einen Logenblick auf eine tödliche Seeschlacht im Zuge des Deutsch-Dänischen Krieges. Heftiger Kanonendonner dröhnte über das Wasser und es gab dichte Rauchschwaden, so weit das Auge blickte. Vor Helgoland lieferte sich die österreichisch-preußische Flotte unter Admiral Tegetthoff mit ihren hölzernen Fregatten und Kanonenbooten ein verlustreiches, aber erfolgreiches Gefecht mit der dänischen Marine. Auf dieses Seegefecht weisen übrigens deutliche Spuren in Österreichs Hauptstadt Wien hin. Zu Ehren von Admiral Tegetthoff wurde eine Siegessäule am Prater, der so genannte Praterstern, errichtet.

Die englische Zeit dauerte bis 1890. Am 10. August 1890 ging die Insel nach dem Helgoland-Sansibar-Vertrag an das Deutsche Reich. Mit diesem Vertrag wechselten Handelsrechte in Ostafrika von Deutschland auf England über, im Gegenzug trennten sich die Engländer von ihrer Kronkolonie Helgoland.

Ab dem Ersten Weltkrieg erfolgte aufgrund der für die Marine strategisch guten Lage der Ausbau zur Seefestung, der vor und im Zweiten Weltkrieg weiter fortgesetzt wurde. Damit wurde ein wichtiger Marinestützpunkt in der Deutschen Bucht geschaffen. Kurz vor Ende des Zweiten Weltkrieges, am 18. April 1945, kam es zum großen Bombardement durch alliierte Flugzeuge. Die Zivilbevölkerung harrte in den Bunkeranlagen aus und wurde zum Festland evakuiert. Auf den Tag genau zwei Jahre später 1947 wollten die Engländer die Militäranlagen mit der bis heute größten nichtnuklearen Sprengung vernichten und legten Helgoland in Schutt und Asche. Einziges Gebäude, das Bomben und Sprengung trotzen konnte, war der Flakturm aus Stahlbeton, der heutige Leuchtturm auf dem Oberland. Erhalten blieben auch Teile des in den Felsen gebauten Zivilschutzbunkers.

Erst am 1. März 1952 erfolgte die Freigabe, nachdem die beiden Heidelberger Studenten René Leudesdorff und Georg von Hatzfeld auf dem gesperrten Trümmerfelsen medienwirksam die Europaflagge gehisst hatten und auch etliche Helgoländer ihr Ziel artikulierten, in die Heimat zurückkehren zu wollen. Als die evakuierte Bevölkerung schließlich nach sieben langen Jahren heimkehren konnte, baute sie die in Schutt und Trümmern liegende, vollkommen zerstörte Insel neu auf. Dabei leisteten die Insulaner Pionierarbeit und nahmen viele Entbehrungen in Kauf. Bis ihre Wohnhäuser fertig waren, mussten sie beispielsweise in hölzernen Baracken leben.

Grundlage für die Neubebauung war ein groß angelegter Architektenwettbewerb. Heute bedeutet es für die Helgoländer eine einschränkende Last. Viele Gebäude stehen unter Denkmalschutz und Umbauten sind nur im Einklang mit den Schutz-bestimmungen möglich.

Die Aufbauleistung vollzog sich in nur wenigen Jahren. Schnell nahm auch der Seebäderverkehr zur Insel wieder an Fahrt auf. Fand der Tourismus in den ersten Jahren noch auf der Düne statt, so entstanden neue Hotels und Gästezimmer in Frühstückspensionen sowie Privathäusern und auch die öffentliche Infrastruktur zum Wohl der Gäste wurde vorangetrieben. Blütezeit des Tourismus war in den 70er Jahren sowie kurz nach Fall der deutsch-deutschen Grenze.

Die natürliche Einzigartigkeit und die Abgeschiedenheit vom Festland hatte bereits bei Seebadgründung Anziehungskraft.

Seit Seebadgründung ist der Tourismus Dreh- und Angelpunkt und wirtschaftliche Basis der Insel. Ob Übernachtungsbetriebe, Dienstleister oder Einzelhandel – fast das ganze Inselleben hängt direkt von Gästen ab. Mit etwa 2.500 Gästebetten in Ferienwohnungen, Hotels und Pensionen gibt es beispielsweise deutlich mehr Schlafgelegenheiten für Touristen als Einwohner.

Als Urlaubsinsel ist Helgoland gut aufgestellt: Über 50.000 Übernachtungsgäste und mehr als 200.000 Übernachtungen zählt man jährlich. Es gibt ein hohes Stammgastpotenzial.

Wichtiger Faktor sind nach wie vor die Tagesgäste. Weil sich in den zurückliegenden Jahren ein Rückgang abgezeichnet hat und als Folge Schiffskapazitäten weggebrochen sind, werden Bemühungen angestrebt, die Tagesfahrt beispielsweise durch geführte Touren attraktiver zu gestalten. Anstrengungen werden darüber hinaus durch spezielle Angebote unternommen, mehr im Bereich des Ganzjahrestourismus zu tun.

Auch beim Wiederaufbau der Insel ab 1952 blieb die weitere künftige touristische Ausrichtung der Maßstab.

ABSTIEG IN DIE UNTERWELT

BUNKERFÜHRUNGEN SIND EIN GANG IN EIN DÜSTERES KAPITEL

Die Unterwelt ist in den Stein gehauen. Treppenstufen aus Beton führen hinunter mitten in ein düsteres Kapitel Inselgeschichte. Intakte Überreste der tief in den Felsen gebauten Stollenanlage vermitteln hautnah und beklemmend einen Eindruck von der Militär- und Festungshistorie. Der Festungsbau begann zwar schon während des Ersten Weltkriegs, wurde aber ab 1936 und im Zweiten Weltkrieg intensiviert. Helgoland wurde zu einer Hochseefestung. Ein ausgedehntes Luftschutzstollensystem im Verbund mit einer großen Raumanlage befand sich als Tiefstollen mit senkrecht nach unten führenden Treppenhäusern unter dem Oberland, dieser Stollen hatte rund 2.000 Plätze für die Bevölkerung (Baujahr ab 1940). Dazu kam ein Stollen im Felsen des Unterlandes mit 1.500 Plätzen (Baujahr 1943 bis 1944) in die tieferen Felsbereiche, der horizontal hineinführte. Die Stollensysteme waren miteinander verbunden.

Flakstellungen, ein Flakleitturm sowie Beobachtungsstände und Kasematten, teilweise noch aus dem vorherigen Weltkrieg sowie weitere militärische Bunkeranlagen ergänzten die Festung. Im Hafenbereich gab es für die Kriegsmarine den großen U-Boot-Bunker NORDSEE III. Eigentlich sollte ein riesiger Seehafen am strategisch wichtigen Punkt mitten in der Deutschen Bucht entstehen. Doch dieses 1938 begonnene gigantische Projekt »Hummerschere« wurde wegen des Krieges nicht weiterverfolgt.

Es war der Tag, der Helgoland verändern sollte. 18. April 1945 – exakt 20 Tage vor

In den in den Felsen gehauenen Bunkeranlagen musste die Zivilbevölkerung beim großen Angriff 1945 ausharren, während ihre Häuser in Schutt und Asche gebombt wurden.

Kriegsende. Mittags, kurz vor 12.00 Uhr flogen rund tausend viermotorige Flugzeuge der Royal Air Force einen Angriff auf die zur Festung ausgebauten Hochseeinsel, warfen etwa 7.000 Bomben ab und legten die Insel in Schutt und Asche. Doch den Brandsatz für die Zerstörung hatten nicht die Briten gezündet. Das Fanal setzte die nationalsozialistische Machtherrschaft. Sie hatte Helgoland für ihre ehrgeizigen Pläne missbraucht und die kleine Insel zu dieser militärischen Festung und kriegsbedeutsamen U-Boot-Stützpunkt ausgebaut. Und die Engländer wollten den militärischen Stützpunkt ausschalten, um die Landung alliierter Truppen an der Küste nicht zu gefährden.

Etwas über 100 Minuten dauerte der Angriff. Einen Tag später griffen die Bomber erneut an. Die 3.000 Einwohner zählende Zivilbevölkerung überlebte nur, weil sie – wie bei Luftalarm unzählige Male vorher – in den in Fels gehauenen Bunkeranlagen Zuflucht fand. Hier hatte jeder seinen festen Platz. Zwei Tage lang harrten die Familien in drangvoller Enge aus. Es war staubig, stickig und stellenweise zeigte die Betondecke bedrohliche Risse. Doch die Luftschutzanlagen hielten der Heftigkeit des Bombardements stand.

Bei dem Angriff ließen 285 Menschen ihr Leben, darunter viele Flak- und Marinehelfer, die sich außerhalb des Bunkers befunden hatten.

Hätte der Angriff wenige Tage vor Kriegsende noch verhindert werden können? Eine Frage, die heute nicht mehr beantwortet werden kann. Gesichert ist aber, dass es eine kleine Gruppe von Soldaten und Helgoländern gab, die die Insel kampflos und unbeschadet an die Engländer übergeben wollten. Ob ihr Hissen von weißen Flaggen der Verwüstung Einhalt geboten hätte, ist historisch nicht geklärt. Dazu konnte es nicht mehr kommen. Am Morgen des 18. April 1945, nur wenige Stunden vor dem Großangriff, erfolgte die Verhaftung der

Am 18. April 1947 kam es zum »Big Bang« durch die Briten, der bis heute größten nicht nuklearen Sprengung, die die Militäranlagen vernichtete und die Insel als Trümmerfeld hinterließ.

vermeintlichen »Verräter«. Die Männer wurden als Kriegsverbrecher in Cuxhaven am 21. April 1945 standrechtlich erschossen.

Die Zivilbevölkerung harrte in den Bunkeranlagen aus, wurde am 20. April 1945 mit Schiffen zum Festland transportiert und in mehr als hundert Zufluchtsorte verteilt.

Am 18. April 1947 erlebte Helgoland mit der Operation »Big Bang« einen erneuten düsteren Tag. Die Seefestungsanlagen sollten zerstört werden. Dafür wurden 7000 Bruttotonnen Sprengstoff – 4500 Tonnen extra nach Helgoland gebracht – vom britischen Marineschiff LASSO mit dem dritten Zeit-Signal des BBC Home Service um 13.00 Uhr per Kabel ferngezündet.

Die Alliierten nutzten Helgoland anschließend als Bombenübungsziel.

TIPP

Bunkerführungen …

… in dem erhalten gebliebenen, 370,00 Meter langen Oberlandstollen (der Eingang liegt unterhalb des Kirchhofes), dauern zirka eine Stunde. Sie finden mehrmals in der Woche statt. Unter fachkundiger Führung erhalten Besucher nicht nur Einblick in die Militär- und Festungsgeschichte, sondern auch Informationen über die frühgeschichtliche Entwicklung sowie die Veränderungen im Laufe der Jahrhunderte.

Karten und weitere Informationen erhalten Interessierte in der Helgoland-Touristik im Rathaus.

Das alte Helgoland – hier der Landungsbrückenbereich – wurde im Krieg ausgelöscht. Über die Historie werden die Besucher durch das Museum informiert.

Erst nach vielen Bemühungen und Verhandlungsrunden gaben die Briten am 1. März 1952 die Insel wieder frei und der Wiederaufbau konnte beginnen.

Der Krieg hat bis heute sichtbare Narben hinterlassen. Die Südspitze wurde weggesprengt. Dort ist heute das Mittelland mit der Nordseeklinik. Auf dem Oberland zeugen viele tiefe Bombenkrater von der verwüstenden Macht des Sprengstoffs.

Gegen das Vergessen stolpern

Sechs ins Straßenpflaster eingelassene »Stolpersteine« erinnern seit Frühjahr 2010 an sechs mutige Männer, die sich während des Zweiten Weltkriegs der nationalsozialistischen Terrorherrschaft widersetzten und dies mit ihrem Leben bezahlen mussten. Die vom Helgoländer Museumsverein unterstützten, mit den Namen versehenen Stolpersteine sind ein Projekt des Künstlers Gunter Demnig. Mit diesen Gedenksteinen aus Messing soll an das Schicksal der Menschen erinnert werden, die während des Nationalsozialismus den Tod fanden.

Der Friseur Heinrich Prüß ließ sich nicht den Mund verbieten und gab seine politische Meinung kund. Er war beispielsweise davon überzeugt, dass Deutschland den Krieg

Ein Bild der Verwüstung: Das von Bombentrichtern gezeichnete Oberland. Nur der Flakturm aus Beton (heutiger Leuchtturm) trotzte dem Sprengstoff.

Das Unterland nach dem großen Angriff 1945.
Wenige Tage vor Kriegsende musste die gesamte
Zivilbevölkerung evakuiert werden.

STOLPERSTEINE

verhaftet : 18.4.1945

Erich Paul Jansen Friedrichs

Geb. 2. 11. 1890 auf Helgoland
ermordet 21.4.1945 - Cuxhaven

Die Stolpersteine setzen den Widerständlern ein Mahnmal wider das Vergessen.

nicht gewinnen konnte und sagte dies auch seinen Kunden. Das wurde ihm zum Verhängnis. Im Oktober 1943 wurde Prüß verhaftet und, nach qualvollen Monaten Inhaftierung, im August 1944 in Brandenburg hingerichtet.

Zwei Männern ist es zu verdanken, dass sich eine Widerstandsgruppe auf der vom Militär beherrschten Insel bilden konnte: dem Helgoländer Erich Friedrichs (genannt Eäk Fink) und dem aus Süddeutschland stammenden Dachdeckermeister Georg Braun. Sie gewannen sie Mitstreiter und wollten die Insel kurz vor dem Krieg retten. Beiden war die Gefährlichkeit bekannt, sie setzten nicht nur ihr eigenes Leben aufs Spiel, sondern auch das ihrer Familien und Freunde. Dennoch kämpften sie für ihre Ideale und für die Insel.

Erstaunlicherweise hatten sie es geschafft, ihre Aktion selbst vor Familienmitgliedern geheim zu halten, bis sie zuletzt noch von zwei Mitgliedern der Gruppe verraten wurden.

Es ist gewiss, dass die Widerständler in der letzten Phase des Zweiten Weltkriegs die Insel Helgoland kampflos an die Alliierten übergeben wollten, um sie vor der Zerstörung zu retten und weitere Menschenopfer zu vermeiden. Erich Friedrichs und Georg Braun gewannen die drei Marinesoldaten Karl Fnouka aus Wien, Kurt Pester aus Thüringen und Martin Wachtel aus Sachsen-Anhalt für ihre Pläne. Doch die Männer wurden verraten, verhaftet, zum Festland transportiert und am 21. April 1945 in Cuxhaven-Sahlenburg hingerichtet.

Auf Helgoland erinnern die Stolpersteine mit ihren Namen und Geburts- und Sterbedaten versehen an diese dunkle Zeit. Mittlerweile gibt es über 22.000 Stolpersteine in rund 530 Städten in ganz Deutschland und Europa.

▶ TIPP

Eine Broschüre ...

... mit den Einzelschicksalen der Widerständler ist im Museum erhältlich. Ihr zugrunde liegen umfangreiche Recherchen der Helgoländerin Astrid Friedrichs. »Vergessen wird ins Stolpern gebracht, die Steine erinnern uns im alltäglichen Lebensumfeld an die Menschen, die hier gewirkt haben, und wer darüber geht, soll natürlich nicht körperlich, sondern gedanklich stolpern, es geht also um ein Nachdenken und Besinnen im Kopf«, so Jürgen Geuther vom Museumsverein und Mitinitiator der Insel-Stolpersteine.

QUELLE DER INSPIRATION

SPRUDELNDE IDEEN FÜR KUNST UND WISSENSCHAFT

Ganz offensichtlich bietet der Nordseefelsen eine Quelle der Inspiration, die bei Künstlern und Wissenschaftlern Ideen sprudeln lässt. Mitten im Meer pustet der frische Wind ihren Kopf frei. Die Höhe des Himmels, die Weite des Horizontes und die elementare Nähe zu den Naturgewalten sorgt offensichtlich für positiven Einfluss bei den Kreativen.

Der Göttinger Schriftsteller und Gelehrte Georg Christoph Lichtenberg (1742 bis 1799) kam 1773 zu Besuch und war schlichtweg begeistert von »dieser außerordentlichen Insel«. Und als Lichtenberg später seine Vorstellungen vom Erfolg von Seebädern verfasste, dachte er auch zurück an Helgoland, für das er sich die Einrichtung als Urlaubsdomizil für erholungsbedürftige Sommerfrischler gut vorstellen konnte: »Nie wieder habe ich mit so vieler, fast schmerzlicher Teilnehmung an meine hinterlassenen Freunde in den dumpfigen Städten zurückgedacht, als auf Helgoland. Ich weiß nichts hinzuzusetzen als: man komme und sehe und höre.«

Viel weniger angetan zeigte sich von der Kulisse 1810 Heinrich von Kleist (1777 bis 1811), der das Schmugglerparadies zu napoleonischen Zeiten kennen lernte. Staunend stellte der Meister der literarischen Bandwurmsätze fest: »Dabei ist der hohe und steile, an drei Seiten

Die Westklippen waren bereits im 18. Jahrhundert begehrtes Künstlermotiv. Damals gab es keinen Uferschutz und die Wellen spülten Tore (so genannte Gatts) in den Buntsandstein, wie die Zeichnung von H. Mevius eindrucksvoll belegt.

vom Meere bespülte Felsen, worauf der Flecken gebaut ist, wegen seiner mürben, zwischen den Fingern zerreiblichen Substanz durch die Witterung vom Gipfel zum Fuß zerspalten und zerrissen; dergestalt, dass, auch Furcht vor den Erdfällen und Zerbröckelungen, die sehr häufig eintreten, bereits mehrere, auf dem äußeren Rand schwebende Häuser auf dem äußersten Rand haben abgebrochen werden müssen.« Und Kleist echauffierte sich weiter über die Enge der Bebauung, die winzigen Zimmer und den unfruchtbaren Felsen. Alle Waren seien mühevoll aus den englischen Häfen herbeigeschafft für den Handel, »der auf dieser öden, nackten, von der Natur gänzlich vernachlässigten Felsscholle, inmitten des Meeres, sein Warenlager aufgeschlagen hat«.

Heinrich Heine verewigte die Insel in seinen Reisebildern im Nordseezyklus. Zwei Sommer lang weilte er 1829 und 1830 mehrere Wochen als Badegast hier, um sich zu erholen und sein angegriffenes Nervenkostüm wieder auf Vordermann zu bringen. Die Umgebung sorgte für Inspiration. Der Himmel erschien ihm kathedralengleich und das Meer bezeichnete er als »mein wahlverwandtes Element, schon sein Anblick ist mir heilsam«. Während seines Erholungsaufenthaltes im Sommer 1830 erfuhr er vom Ausbruch der Junirevolution, die er in seinen 1840 als Buch veröffentlichten »Helgoland Briefen« bejubelte.

In seinem »Buch der Lieder« erweist er Helgoland in dem Gedicht »Der Phönix« seine Ehre. Dort heißt es beispielsweise in der dritten Strophe:

> *An den Mastbaum gelehnt, auf dem hohen Verdeck,*
> *Stand ich und hört ich des Vogels Gesang.*
> *Wie schwarzgrüne Rosse mit silbernen Mähnen,*
> *Sprangen die weißgekräuselten Wellen;*
> *Wie Schwanenzüge schifften vorüber,*
> *Mit schimmernden Segeln die Helgolander,*
> *Die kecken Nomaden der Nordsee.*

Der Gelehrte Ludolf Wienbarg (1802 bis 1872) verbrachte 1836 den ganzen Sommer auf Helgoland. Bekannt wurde er als einer der Dichter des jungen Deutschlands, berühmt wurde der Schriftsteller aus dem damals dänischen Altona (heute Hamburg) durch Vorlesungen unter dem Titel »Ästhetische Feldzüge«. Seine Schriften wurden verboten, er wurde von Behörden verfolgt, sodass er Asyl auf der damals englischen Insel suchte. Helgoland kannte er nicht zuletzt durch Heinrich Heines Schilderungen. 1838 veröffentlichte Wienbarg sein »Tagebuch von Helgoland«. Er gilt als erster Schriftsteller, der ausdrücklich den nordischen und germanischen Charakter der Insel herausstellte, Motive, die leider später von völkischen und nationalsozialistischen Schriftstellern aufgegriffen wurden.

Zu seiner Zeit waren »Einigkeit und Recht und Freiheit für das deutsche Vaterland« noch ein Traum. August Heinrich Hoffmann, heute bekannt als Hoffmann von Fallersleben (1798 bis 1874), war Hochschullehrer für Germanistik und Dichter. Ein hochpolitischer Mensch, der nicht nur Kinderlieder wie »Alle Vögel sind schon da« oder ein »Männlein steht im Walde« verfasste, sondern seine nationale und demokratische Haltung zu Papier brachte und dafür seiner Professur enthoben wurde. 1841 schrieb er auf der damals englischen Insel Helgoland das »Lied der Deutschen«, dessen dritte Strophe wir heute als Nationalhymne singen. Ihm ist ein Denkmal an der Landungsbrücke gewidmet.

Maler fingen schon früh an, die Sonderheiten der Insel als Motive für sich zu entdecken, vor allem, als zur Kontinentalsperre hier turbulentes Leben herrschte, das auch Künstler anlockte. Maler wie Johann J. Faber, Adolph Vollmer, Christian Morgenstern und besonders Rudolf Jordan dokumentierten die Schönheiten in Öl. Jordans Bilder wie »Sturmläuten auf Helgoland« oder »Brautwerbung auf Helgoland« sind vielfach reproduziert worden. Morgenstern hingegen war es, der die Felsgrotten romantisierend in Szene setzte. Neben der Ölmalerei spielte im 19. Jahrhundert besonders die Lithographie eine Rolle, insbesondere Hamburger Künstler nutzten die Reproduktionsgrafik von Inselmotiven absatzbringend für sich, schließlich war Helgoland exklusiver Badeort mit finanzkräftigem Publikum.

Auch Heinrich Gätke (1814 bis 1897) war Kunstmaler, aber in erster Linie Ornithologe. 1837 reiste er zum ersten Mal nach Helgoland und war fortan so fasziniert, dass er 1841 seinen Wohnort von Berlin hierher verlagerte, um sich der Vogelkunde intensiver zu widmen. 1891 erschien sein Werk »Die Vogelwarte Helgoland«. Im selben Jahr wurde seine umfangreiche Vogelbalgsammlung für das Nordsee-Museum der Biologischen Anstalt erworben. Gätke gilt als geistiger Vater der Vogelforschung auf Helgoland.

Der schwedische Autor August Strindberg (1849 bis 1912) hatte keinesfalls die Kunst im Kopf, als er 1893 Helgoland besuchte, sondern ganz profan Liebe, Lust und Leidenschaft. Er wollte seine große Liebe, die erst 20-jährige österreichische Literaturkorrespondentin Frida Uhl, heiraten. Weil dies hier einfacher als im übrigen Deutschen Reich war, zog es ihn auf die Hochzeitsinsel, wo noch das Helgoländer Eherecht galt und Paare ohne Aufgebot getraut wurden. Kirche und Gemeinde teilten sich die Gebühr von 200 Mark. Aber als Hemmnis erwies sich, dass der geschiedene Schriftsteller nötige Bescheinigungen über die Auflösung seiner ersten Ehe nicht vorlegen konnte. Und so hieß es für ihn hier zu warten, bis das erlösende Telegramm vorlag. In Briefen äußerte sich der Autor beeindruckt von der Insel. Sein Besuch hat keine großartigen literarischen Spuren hinterlassen, ein Intermezzo wie seine hier geschlossene Ehe, die nur kurz hielt.

Franz Kafka (1883 bis 1924) war als Abiturient gemeinsam mit seinem Onkel für eine Woche zu Besuch. Der junge Mann aus Prag, der später einer der großen deutschsprachigen Literaten werden sollte, notierte: »Allenthalben bot sich ein schöner Blick auf zerklüftete Felsen und Höhlen des Steilhanges« und die Vollmondnacht auf dem Felsen mitten im Meer beeindruckte ihn offenbar ziemlich nachhaltig. Er schrieb darüber unter anderem: »Ein Irrlichtertanz hüpfte von Haus zu Haus, über die schmalen

Straßen, die Felsen hinaus, am Strand entlang über die Buden und Lagerhallen, tanzte auf Hummerkörben und Fischernetzen, sprang in die Baken hinein und glitt über die leuchtenden Wellen nach den dunklen Schiffskörpern hinüber ...«

Der auf der Insel geborene Helgoländer Fotograf Franz Schensky (1871 bis 1957) setzte Helgoland ein bleibendes Denkmal. Er gilt als einer der Pioniere der Schwarzweiß-fotografie.

Mit seiner Kamera setzte er Land und Leute in Szene. Mit 15 hatten ihn seine Eltern zur Lehre nach Thüringen geschickt, wo er das Handwerk von der Pike auf bei einem angesehenen Manöverfotografen lernte. Die harte Lehre kam ihm zugute. Mit 19 Jahren kehrte er nach Helgoland zurück und machte sich in einem Schuppen selbstständig. Erfolg stellte sich schnell ein, sodass ein Wohn- und Geschäftshaus bezogen werden konnte. Es galt bei Adel und Persönlichkeiten, die zur Kur auf der Insel weilten, bald als schick, sich in Schenskys Atelier ablichten zu lassen. Sein künstlerisches Augenmerk galt jedoch der Naturfotografie. Es heißt, Schensky hatte den Gezeitenkalender im Kopf und er wusste bei Sturm ganz genau, wo zu bestimmten Zeiten die Brandung am mächtigsten war. Dramatische Aufnahmen im Wind mit Wellen- und Wolkenungetümen entstanden so im Salzwassersprühnebel. Aber auch die Tierwelt, zum Beispiel Nahaufnahmen von zankenden Möwen oder die Unterwasserwelt in den Aquarienbecken der Biologischen

Franz Schensky war ein begnadeter Fotograf mit Gespür für besondere Stimmungen, die er mit der Kamera einzufangen wusste. Von seinen atemberaubenden Arbeiten geht ein besonderer Zauber aus.

Anstalt Helgoland, setzte er meisterhaft in Szene. Der Dramatik seiner Aufnahmen kann man sich auch heute noch nicht entziehen.

Schensky war nicht nur ein vielfach preisgekrönter Künstler mit der Kamera, sondern auch historischer Dokumentator. Von ihm stammt das am 10. August 1890 entstandene Bild der Übergabefeier der Insel von England an das Deutsche Kaiserreich ebenso wie Fotos von der bombenzerstörten Insel und dem wieder beginnenden Aufbau ab 1952. Das Museum Helgoland widmet dem Ausnahmekünstler, der 1957 in Schleswig starb und auf Helgoland beigesetzt wurde, großen Raum und verwaltet seinen umfangreichen Nachlass: einen Fotoschatz aus 1.400 Bildplatten. Schensky ist es auch, dessen Tradition sich die Verantwortlichen im Museum verpflichtet sehen, indem sie regelmäßig Ausstellungen renommierter Fotokünstler veranstalten.

Nobelpreisträger Werner Heisenberg (1901 bis 1976) gilt als einer der bedeutendsten Physiker des 20. Jahrhunderts. Auf Helgoland hatte er eine Sternstunde. Hier linderte der Wissenschaftler 1925 seinen starken Heuschnupfen und machte entscheidende Fortschritte bei der Aufstellung seiner Theorie zur Quantenmechanik. Ein Gedenkstein auf dem Oberland am Klippenrandweg in Höhe des Mittelland erinnert an diesen Quantensprung der modernen Physik.

Nicht nur die vielen Gesichter seiner Heimatinsel setzte Schensky in Szene, sondern richtete seinen geschärften Blick auch auf die heimische Tierwelt.

Geschichtenkapitän James Krüss war ein echtes Inselkind. Durch sein umfangreiches literarisches Werk bleibt der beliebte Kinder- und Jugendbuchautor unvergessen.

Ein echtes Inselkind war der Kinder- und Jugendbuchautor James Krüss (1926 bis 1997). Schon früh in seiner Kindheit auf dem Felsen hatte er für sich das fantasievolle Verseschmieden entdeckt. Nach einer Lehrerausbildung in Lüneburg und Hamburg entschied Krüss, sich ganz und gar der Schriftstellerei zu widmen. Zunächst war er 1946 Mitbegründer der Zeitschrift Halunder Moats, Mitteilungsblatt für die damals im Festlandsexil lebenden Helgoländer. 1949 zog er dann nach München, schrieb Hörspiele und Gedichte für Kinder.

1956 erschien sein erster Roman »Der Leuchtturm auf den Hummerklippen« und schaffte es gleich auf die Auswahlliste für den Deutschen Jugendbuchpreis. Den erhielt er wenig später für »Mein Urgroßvater und ich«. Das war 1960 sein Durchbruch. Zahlreiche viel beachtete, ausgezeichnete und in viele Sprachen übersetzte Bücher, Geschichten, Gedichte und Reime folgten.

1966 übersiedelte er nach Gran Canaria, ließ aber den Kontakt zur Heimatinsel und seiner hier lebenden Verwandtschaft nie abreißen. 1986 ernannte ihn die Gemeinde Helgoland zum Ehrenbürger. 1997 starb James Krüss auf der Kanareninsel. Seine letzte Ruhestätte fand er in der Heimat. James Krüss wurde bei Helgoland seebestattet.

Durch sein Werk bleibt der Geschichtenkapitän lebendig. In der Internationalen Jugendbibliothek in München auf Schloss Blutenburg gibt es seit 2001 einen James-Krüss-Turm.

Auch auf Helgoland wird die Erinnerung wach gehalten. In zwei nachgebauten, pittoresken Hummerbuden auf dem Museumshof gibt es das kleine James-Krüss-Museum mit Fernsehaufnahmen, CDs, Fotografien, Manuskripten, Büchern und Briefwechseln. Getreu dem Krüss'schen Motto »Haltet die Uhren an. Vergesst die Zeit. Ich will euch Geschichten erzählen« wird dort während der Sommermonate museumspädagogische Arbeit geleistet. Kinder und Jugendliche erfahren auf spielerische Weise von der besonderen Macht der Wörter und üben sich

TIPP

Wer gern im Chor singt …

… und an seiner Stimme weiterarbeiten möchte, für den ist die Teilnahme an einem sommerlichen Helgoland-Workshop gute Gelegenheit. Kontaktmöglichkeit und Information über geplante Projekte besteht über:

SingAkademie Niedersachsen, Buchholzmarkt 13, 31167 Bockenem, Telefon 0 50 67/69 75 04, E-Mail: vorstand@singakademie-niedersachsen.de, www.singakademie-niedersachsen.de

– ganz in der Tradition des mächtigen Fabulierers – selbst im Verseschmieden.

Wer sich über das künstlerische historische Helgoland ein eigenes Bild machen möchte, ist im Museum gut aufgehoben. Aber auch Gegenwartskunst hat auf der Insel Platz. Die entdeckt man zunächst am besten in der Hummerbudenzeile am Binnenhafen. Dort hat beispielsweise die internationale Künstlergruppe Paradox ihr Domizil und veranstaltet Workshops und Ausstellungen. Vorbeizuschauen lohnt sich. Ebenso wie beim Bildhauer und Arzt Dr. Siegismund, der aus Treibholz markante Holzskulpturen schnitzt, oder der Fotografin Lilo Tadday, die hier Einblick in ihr großes Schaffen gibt. Aktueller Kunst wird auch regelmäßig im Rathaus Raum gegeben. Dort finden Wechselaustellungen von Arbeiten mit Helgolandbezug statt.

Musikalisch wird Helgoland in mehr als 100 Schlagern und Liedern besungen und taucht sogar in einem Orchesterwerk auf. Der österreichische Komponist und Musikpädagoge Josef Anton Bruckner (1824 bis 1896) schrieb mit »Helgoland« eine weltliche Kantate für Männerchor und großes Orchester in g-Moll. Sie gilt übrigens als das letzte Werk des bedeutenden Wiener Komponisten.

Ein musikalisches Kulturfestival hat während des Sommers Tradition. Unter dem Motto »Singen – Atmen – Seeluft« unter Leitung von Claus-Ulrich Heinke widmet sich die Singakademie jedes Jahr engagiert einem anderem Thema und mündet in unterschiedlichen Aufführungen. Vorgeschaltet ist immer ein Chorworkshop für Singbegeisterte, die sich in einzigartiger Umgebung konzentriert weiterbilden möchten. Die Arbeit der Chorsänger wird zu den verschiedenen Projekten ergänzt durch professionelle Musiker. Viel beachtet sind Aufführungen im Bunker, in der Kirche, Open Air oder der Nordseehalle.

STÄTTE DER WISSENSCHAFT

Eine ebenso selt- wie wundersame Erscheinung ist diese Insel, die sich hoch aus dem Meer reckt. Seltene Seevögel und besondere Meeresbewohner haben diesen Klotz für sich als Heimat erobert, rund um Helgoland gibt es für sie einzigartige Lebensräume. Das hat sich bei Naturinteressierten früh herumgesprochen. Aufgrund vieler Besonderheiten bei Flora und Fauna zu Land und zu Wasser ist das abgeschiedene Helgoland daher schon im 19. Jahrhundert ins Visier der Forscher gelangt.

Darin mündete die Errichtung wissenschaftlicher Stätten wie Vogelwarte und Biologische Anstalt. Und die Tradition der Natur- und Umweltforschung wird fortgeführt, und zwar mit modernsten Mitteln. Man ist der Komplexität von Wechselwirkungen in der Natur auf der Spur. Und ist heute von Klimawandel die Rede, dann leisten die Biologen und Ornithologen, aber auch die Mitarbeiter des Wetterdienstes auf der Insel – jeder in seiner Disziplin – erheblichen Anteil daran, dass aufgrund gesammelter und gesicherter Daten die Veränderungen in unserer Umwelt nicht nur akribisch aufgezeichnet, sondern auch wissenschaftlich bewertet und in globale Datenbanken eingespeist werden. So dienen die hier gesammelten Daten und Fakten ihren Beitrag in der weltweit geführten Klimadiskussion.

Ein Dschungel am felsigen Meeresgrund

Eine Fundgrube wie aus dem Bilderbuch bietet die Unterwasserwelt rund um den Felsen der Wissenschaft. Das bei Ebbe freiliegende Felswatt und der über 35,00 Quadratkilometer große felsige Meeresgrund sind ein einzigartiger Lebensraum mit der reichsten marinen Flora und Fauna der deutschen Küste. Wer weiß zum Beispiel, dass

Nach jedem Sturm offenbart sich die Vielfalt der in der Nordsee gedeihenden Algen und Tange als Strandgut.

es hier einen unterseeischen Dschungel gibt? Im Unterwasserwald wachsen Rot-, Grün- und Braunalgen. Wie viele Arten in diesen so genannten Kelb- oder Laminarienwäldern wachsen, wird zum Beispiel mit System erfasst.

Forschung hat Geschichte geschrieben: Bereits mehr als 150 Jahre wird Meeresforschung betrieben. Hier wurde das Geheimnis des Meeresleuchtens gelüftet. 1835 fand der Naturforscher Christian Gottfried Ehrenberg den Beweis, dass es winzige Einzeller, »Noctiluca miliaris«, sind, die die nächtliche sommerliche Nordsee in ein Lichtermeer verwandeln. Der Naturphilosoph und Biologe Johannes Peter Müller begründete 1846 auf Helgoland die wissenschaftliche Planktonforschung.

Zur »Königlich Preußischen Biologischen Anstalt« wurde Helgoland schon 1892. Im Zweiten Weltkrieg komplett zerstört, wurde die »Bio«, wie sie auf der Insel nur genannt wird, wiederaufgebaut und 1959 neu eröffnet. Seit 1998

Kein Elfenbeinturmdenken herrscht vor, sondern es wird solide Grundlagenforschung vorgenommen: Der Wasserturm des »Ökolabors« ist glänzender Blickfang im Hafenbereich und deutliches Zeichen der Bedeutung der wissenschaftlichen Meeresforschungsstätte.

Bereits die »Königlich Preußische Biologische Anstalt« mit ihrem 1902 erbauten Nordsee-Aquarium hatte wissenschaftliche Weltgeltung.

ist sie Teil des in Bremerhaven ansässigen Alfred-Wegener-Instituts für Polar- und Meeresforschung in der Helmholtz-Gesellschaft.

Im Fokus der Forscher stehen vor allem Algen, Krebse, Muscheln und Borstenwürmer. Ihre Wechselbeziehungen herauszufinden und dadurch ein Gesamtbild vom Öko-system zu erhalten, ist ihr Auftrag.

Die Helgoländer Wissenschaftler sind dem Klimawandel auf der Spur und können dafür gute Grundlagen nutzen. Sie verfügen nämlich über die längste und artenreichste Meeres-Langzeitdatenuntersuchung. Schon seit 1873 wird hier regelmäßig gemessen. An jedem Werktag wird an gleicher Stelle auf Helgoland-Reede (Position 54° 11,18' N, 7° 54' O) vom Boot aus eine Probe aus dem Meer gezogen und Wassertemperatur, Nährstoff- und Salzgehalt, Anzahl des tierischen und pflanzlichen Planktons dokumentiert. So fanden die Wissenschaftler heraus: Salzgehalt und Sichttiefe nehmen zu, die Wassertemperatur stieg beispielsweise in den letzten fünf Jahrzehnten um 1,67 Grad.

Das Ökosystem verändert sich. Die Erwärmung zeigt schon Folgen, denn die Nordsee ist artenreicher geworden. Tierische und pflanzliche Meeresbe-wohner müssen mit einer insgesamt wärmeren Umgebung klarkommen.

TIPP

Regelmäßig in der Saison werden übrigens Führungen angeboten. Ein öffentliches Schau-fenster in die reichhaltige Unterwasserwelt der Nordsee um Helgoland bietet das Aquarium.

Zu den Nordsee-Neubewohnern gehört auch das Seepferdchen.

Es gibt Abwanderer, wie den Kaltwasserfisch Dorsch, und Nordsee-Neubürger wie die Streifenbarbe, die eigentlich wärmere Gefilde wie das Mittelmeer ursprünglich bevorzugt. Das gilt auch für andere Pflanzen und Tiere. Über 50 Arten, die eigentlich gar nicht in der Nordsee heimisch sind, haben sich in den letzten Jahren hier angesiedelt. Für die Wissenschaftler ist dies ein Zeichen für den Klimawandel. Um hier weiter auf wichtige Daten zurückgreifen zu können, bleiben die Wissenschaftler »am Ball« und nutzen modernste Technik. So verfügt die Biologische Anstalt Helgoland sogar über ein eigenes wissenschaftliches Tauchzentrum. 2010 wurde das für die Nordsee einmalige Projekt »MarGate« gestartet: ein neuartiges Unterwasser-Experimentalfeld. Modernste Sensortechnologie erfasst die meeresbiologischen Daten und macht sie online verfügbar. Ziel des Unterwasserexperimentes ist, die Veränderung der Nordsee durch den Klimawandel zu untersuchen.

Rund 60 feste Mitarbeiter zählt die »Bio« als größter Arbeitgeber der Insel, dazu kommen mehr als 100 Gastforscher aus dem In- und Ausland. Und rund 700 Kursteilnehmer kommen jedes Jahr nach Helgoland, für sie gibt es Plätze in eigenen Gästehäusern. Labore sind sowohl in dem Institutsgebäude hinter dem Aquarium am Nordosthafen untergebracht wie auch im futuristisch aussehenden »Ökolabor« zwischen Binnen- und Südhafen.

Wenn das Meer zu leuchten beginnt

Laue Sommernächte am Meer offenbaren manchmal ein zauberhaftes Phänomen. Im Meer tauchen tausende blitzende Lichter auf, ein fluoreszierendes Leuchten, das bei jedem Wellenschlag angeknipst wird und ebenso schnell wieder erlischt.

Meeresleuchten ist ein besonderes Naturschauspiel. Verursacht wird es von winzig kleinen Einzellern.

Das Meeresleuchttierchen, sein wissenschaftlicher Name lautet Dinoflagellat Noctiluca scintillans, wurde auf Helgoland zum ersten Mal entdeckt. Es gehört mit seinen etwa 0,50 Millimetern Durchmesser zu den Großen des pflanzlichen Planktons.

Noctiluca vermehrt sich alle paar Jahre massenhaft und färbt dabei das Meer tiefrot und trübe. Verantwortlich für die ungewöhnliche Färbung ist die aufgenommene Nahrung, denn eigentlich ist Noctiluca farblos. Für den Menschen ist es übrigens ungefährlich, er kann in dem blutroten Wasser ohne weiteres baden. Allerdings können andere Meeresbewohner durch die erhebliche Sauerstoffzehrung beeinflusst werden.

PARADIES FÜR VOGELKUNDLER

RINGE FÜR ZARTE VOGELBEINE

Nicht nur die Unterwasserwelt wird mit System erforscht. Helgoland ist ein richtiges Paradies für Ornithologen. Die Vogelkundler schöpfen aus dem Vollen, vor allem, wenn Zugvögel regelmäßig Zwischenstopps einlegen, um auf der Insel mitten im Meer Kraft zu tanken und Nahrung aufzunehmen. Dazu kommen noch die vielen seltenen Seevögel, die die schroffen Klippen als einzigartigen Brutplatz ausgewählt haben.

Schon im Laufe des 19. Jahrhunderts hatten Ornithologen die Besonderheit der Vogelwelt entdeckt. Den Grundstein der Vogelerforschung legte der auf Helgoland lebende Heinrich Gätke (ein Kunstmaler und Naturforscher aus Pritzwalk in der Mark Brandenburg) mit seinem 1891 erschienenen Buch »Die Vogelwarte Helgoland«. Seine ebenso eindrucksvollen wie scharfsinnigen Schilderungen sorgten für Aufsehen, sogar mit dem Vogelzug setzte sich der passionierte Jäger, Vogelbeobachter und Sammler seinerzeit bereits auseinander.

Die Wissenschaft erkannte schon vor über 100 Jahren das Potenzial dieser Quelle für Feldforschung. Heute noch sind die Ornithologen der Vogelwarte Helgoland

Zur Vogelzugzeit im Frühjahr und Herbst verwandelt sich die Insel zum Groß-Landeplatz verschiedenster Vogelarten.

Ein Paradies für Vogelkieker: Ornithologisch Interessierte können sich hier so richtig satt sehen und kommen von ihren Fotosafaris sicherlich mit reicher Ausbeute zurück.

als Vogelfänger am Werk, aber nicht mit Keschern oder Netzen. Seit 1922 wird die Erfindung Helgoländer Trichterreuse genutzt, um Amsel, Drossel, Fink und Co. für Forschungszwecke einzufangen. Bereits seit 1909 erhalten hier Vögel markierte Ringe um ihre zarten Beine. So kann ihr Weg verfolgt und ihr Zugverhalten erforscht werden.

Zugvögel haben sich mittlerweile als gute Indikatoren für den Klimawandel erwiesen. Die Langzeitarbeit in der zweitältesten Vogelwarte der Erde hat hier maßgeblichen Anteil. Die offizielle Gründung der Vogelwarte Helgoland erfolgte am 1. April 1910. Damals war sie noch Teil der »Königlich Preußischen Biologischen Anstalt« mit Schwerpunkt auf Vogelzugforschung. Bereits 1911 wurde der Fanggarten angelegt, mit dem systematischen Fangbetrieb begonnen und die gefangenen Vögel erhielten eigene Markierungsringe.

Nach kriegsbedingtem Verlassen Helgolands begann das Institut für Vogelforschung (IfV) 1947 in Wilhelmshaven mit einem Neustart. Dort ist auch der heutige Hauptsitz der mittlerweile zum Land Niedersachsen gehörenden Einrichtung. Das IfV beschäftigt sich überwiegend mit ornithologischer Grundlagenforschung und den vielfältigen Beziehungen zwischen Vögeln und ihrer Umwelt.

Doch auf den wichtigen Posten auf der Insel wurde nicht verzichtet. Schon 1953 begann auf dem Oberland der Wiederaufbau der Vogelwarte als Institutsaußenstelle, quasi ein Stückchen Niedersachsen auf der zu Schleswig-Holstein gehörenden Insel. Die Einweihung des Gebäudes erfolgte 1957.

Nach wie vor gehört die Erforschung des Vogelzuges und ihrer Wege zu den Hauptaufgaben. Die Wissenschaftler sehen sich als naturschutzorientierte Forschungseinrichtung. Sie dokumentieren, wie sich die Lebenswelt der

Vögel, nicht zuletzt durch menschliche Einflussnahme, verändert und wie klimatische Veränderungen das Vogelverhalten beeinflussen.

Der Fanggarten ist ein Refugium für die Zugvögel. Dichter Pflanzenbewuchs und sogar ein Süßwasserteich locken die Tiere an. Vergleichbar mit einer Fischreuse, werden sie in den breiten Netztrichter getrieben, am Ende vorsichtig herausgeholt, bestimmt, gewogen, beringt und dann wieder in Freiheit entlassen.

Seit Einführung der Trichterreuse konnten auf Helgoland an die 800.000 Vögel beringt werden. Über 100 verschiedene Vogelarten gehen hier pro Jahr ins Netz. Fangzahlen, Beringungen und »Wiederfunde« werden im Dienste der Wissenschaft dann ganz genau dokumentiert.

Aus 41 Staaten sind rund 7.000 Wiederfundmeldungen eingegangen. Den Spitzenplatz nehmen dabei Amsel und Singdrossel mit über 1.000 Meldungen ein, gefolgt von der Trottellumme mit immerhin über 500 Funden.

Bei vier Arten haben Vögel mit Helgoland-Ringen Weltmeisterrang. Den Altersrekord ihrer Art hält beispielsweise eine Amsel mit dem stattlichen Alter von 22 Jahren.

Nirgendwo sonst gibt es in Mittel- und Westeuropa übrigens umfangreichere Vogelzug-

Die Vogelwelt besitzt immense Zugkraft – und nicht nur die Basstölpel ziehen die Besucher in den Bann.

Messreihen. Anders als auf dem Festland, wo durchziehende Vögel nur schwer von brütenden zu unterscheiden sind, erweist sich Helgoland, der Rastplatz für Durchzieher, als Forschungs-Standortvorteil. Rund 250 Vogelarten werden hier im Jahr gesichtet, 24 davon in so großer Zahl, dass dazu statistische Auswertungen möglich sind.

Die Vogelwarte nimmt in den zurückliegenden Jahren eine starke Veränderung der Vogelzugzeiten wahr. Die Tiere kehren immer früher wieder zurück. Es wird davon ausgegangen, dass dies ein signifikantes Zeichen für Klimaveränderungen ist. Die Tiere reagieren sowohl auf Erhöhung der Durchschnittstemperatur, andere Niederschlagsverhältnisse, als auch Verschiebungen von Vegetationszonen. Veränderungen in der Umwelt werden dadurch aufgezeigt.

Herausgefunden wurde durch Fänge auf Helgoland beispielsweise, dass Amsel und Grauschnäpel durchschnittlich elf Tage früher als noch vor fünf Jahrzehnten aus dem Winterquartier zurückkehren, bei der Mönchsmücke sind es sogar im Durchschnitt 17 Tage. Am deutlichsten zeigen sich Zugveränderungen im Frühjahr.

Und es gibt auch Zugvögel, die sich inzwischen gar nicht mehr auf den Weg in südliche Winterquartiere machen.

Birdrace: Zugvögeln auf der Spur

Beste Zeit für Hobby-Vogelkieker sind die Zugzeiten im Herbst und Frühling, dann herrscht je nach Wetterlage reger Flugbetrieb und man hat die Chance, sogar Raritäten zu Gesicht zu bekommen. Bekannt ist die Insel für ihre Anziehungskraft – und so wurden hier während des Vogelflugs schon viele Arten erstmals in Deutschland nachgewiesen, darunter sind das Rubinkehlchen, der Braunwürger und ein Petschorapieper.

Jedes Jahr im Herbst bricht das Jagdfieber aus. Es ist eine Rallye der besonderen Art: Sieger wird, wer auf der Insel die meisten Vogelarten in einem bestimmten Zeitraum entdeckt. Dieses »Birdrace« ist Höhepunkt der Helgoländer Vogeltage jährlich im Oktober. Veranstaltet wird es zur herbstlichen Vogelzugzeit von der Ornithologischen Arbeitsgemeinschaft (OAG) Helgoland.

Führungen, Fachvorträge und das Vogelaufspüren gehören zum Programm. Eine Veranstaltung, die sowohl für Laien als auch fortgeschrittene Vogelkundler geeignet ist – und sich zu einem richtigen Renner entwickelt hat.

Die OAG versteht sich auch als Ansprechpartner für besuchende Vogelforscher und Hobbyornithologen, sie ist ein gemeinnütziger Verein, der seine Hauptaufgabe in der Erhebung feldornithologischer Beobachtungsdaten sieht. Diese werden in Zusammenarbeit mit der Vogelwarte Helgoland regelmäßig als Jahresbericht veröffentlicht.

Infos: www.oag-helgoland.de

HELGOLÄNDER HUMMER

RETTUNGSVERSUCH FÜR NEPTUNS RITTER

» **E**cht Helgoländer Hummer« ist ein Markenzeichen für besondere Qualität – und das seit Jahrhunderten. Aber die Ritter aus Neptuns Reich sind in Gefahr. Hummerfang hatte auf Helgoland immer großen Stellenwert. Doch mit dem Fang der edlen Krustentiere ging es stetig bergab.

Erste überlieferte Fangzahlen gibt es bereits von 1615. 1883 teilte die damalige britische Verwaltung mit, dass pro Jahr 30.000 Hummer gefangen wurden, 4.000 Hummerkörbe zum Einsatz kamen und etwa 300 Fischer mit Fang und Vertrieb beschäftigt waren. Noch in den 30er Jahren des vorigen Jahrhunderts wurden jedes Jahr 85.000 Tiere gefangen. Heute sind in den Körben der wenigen verbliebenen Hummerfischer nur noch 200 bis 300 Exemplare.

Nach dem Zweiten Weltkrieg brach die Hummerpopulation aus ungeklärten Gründen stark ein. Experten vermuten als Ursachen Bombardierungen, Überfischung, Meeresverschmutzung oder Nordsee-Erwärmung. Hummer orientieren sich mit dem Geruchssinn, um Nahrung und Partner zu finden, dieser könnte in Mitleidenschaft gezogen worden sein. Schutzmaßnahmen liefen an, um das Aussterben der Meeresritter zu verhindern. Wissenschaftler schätzen, es leben nur noch knapp zehn Prozent der ursprünglichen Population auf dem Helgoländer Felssockel.

TIPP – HUMMERPATE WERDEN

Die Aufzucht der Hummer …

… ist kostenintensiv. So sind »Hummerpatenschaften« entstanden. Eine ein- oder zweijährige Patenschaft ist für 25,- beziehungsweise 45,- Euro zu haben. Dieses Geld fließt direkt in das Forschungsprojekt »Helgoländer Hummer«.

Die Paten erhalten nicht nur als Dankeschön eine Urkunde, sondern werden an den Auswilderungsaktionen beteiligt und können exklusiv an der jährlichen Hummeraussetzaktion vom Boot aus teilnehmen. Außerdem können sie an den Führungen durch das Institut in der Saison kostenlos teilnehmen.

Hummerpatenschaften werden über die Tourismuszentrale der Gemeinde vergeben. Infos und Anmeldung auch unter www.helgoland.de

Die Biologische Anstalt Helgoland des Alfred-Wegener-Instituts für Polar- und Meeresforschung, begann um die Jahrtausendwende gezielt mit ihrem Hummerforschungsprogramm, der Zucht und dem Aussetzen von Jungtieren in die Gewässer um Helgoland. Bisher sind schon über 10.000 Zuchthummer ausgewildert worden.

Die Hummer werden im Ökolabor im Hafenbereich in Meerwasserwannen einzeln aufgezogen und in Freiheit entlassen, wenn sie mit zwei Jahren eine Größe von fünf bis sechs Zentimetern erreicht haben.

Einige weitere Meeresbewohner

Er ist ein richtiger Panzerknacker, keine Beute vor ihm sicher. Der Taschenkrebs (Cancer pagurus) ist ein hoch interessantes Tier, nicht nur, weil sein Scherenfleisch so schmackhaft ist. Sein Panzer kann bis zu 30,00 Zentimeter Breite erreichen. Er lebt tagsüber verborgen in Höhlen und geht des Nachts auf Beutejagd nach Muscheln, Seesternen und Schnecken, die er mit seinen kräftigen Scheren einfach knackt.

Weitaus häufiger als auf den Taschenkrebs trifft man auf die Strandkrabbe. Diese Krebse wirken manchmal richtig biestig, wenn sie mit ihren hoch erhobenen Scheren Drohgebärden artikulieren. Ihr Leben beginnt als Planktonlarve im Frühsommer. Nach Durchlaufen von fünf verschiedenen Entwicklungsstadien gehen sie im Juli und August zum Bodenleben über. Im Zuge ihres Wachstums fahren die Tiere – wie alle Krebse übrigens – mehrfach aus der Haut und lassen sich neue Panzer wachsen. Strandkrabben sind überaus gefräßig. Würmer und Muscheln, selbst Artgenossen werden verspeist. Ihrerseits sind sie aber auch begehrte Beute und stehen auf dem Seevögel-Speiseplan.

Die Wellhornschnecke wird übrigens auf Helgoland Kokse genannt. Sie ist die größte in der Nordsee beheimatete Schneckenart und gilt als ziemlich gefräßig. Ihr Fleisch schmeckt nicht, vielleicht auch, weil sie Aas nicht verschmäht. Jedenfalls gibt es den Helgoländer Spruch: »Da liegt eine Kokse mit bei«, wenn eine Sache nicht so ganz einwandfrei ist. Ein leeres Schneckenhaus ist übrigens bei Einsiedlerkrebsen eine begehrte Unterkunft.

In guter Anzahl gibt es hier auch Miesmuscheln, die übrigens gar nicht mies schmecken, sondern richtig lecker sind. Sie haben kräftige

Der Helgoländer Hummer ist ein gefährdeter Meeresbewohner, dessen Erhalt durch ein Nachzuchtprogramm gesichert werden soll.   (Foto: Carsten Wanke)

und schnell zu verschließende blauschwarze Schalen, die sie vor Räubern und bei Ebbe vor der Sonne schützen. Sie wird übrigens aus gutem Grund Kläranlage des Meeres genannt: Eine Miesmuschel filtert rund 15 Liter Seewasser pro Tag.

Wer sich wundert, was das für kleine harte Weißbuckel sind, die auf Miesmuschelschalen hocken und an Molen und Buhnen zuhauf auftreten: Dabei handelt es sich um Seepocken, die übrigens zu den Krebstieren gezählt werden, allerdings haben sie im Laufe der Evolution die Fortbewegungsfähigkeit verloren. Als noch bewegliche Larven suchen sie sich ihre Wohnplätze aus. Ihr Gehäuse haftet an festen Untergründen. Bei Ebbe verschließen sie einfach den Deckel und sind so geschützt, bei Flut strecken die Seepocken ihre Arme aus und fächern sich aus dem Wasser ihre Nahrung zu.

Einsiedlerkrebse schleppen ihr Haus immer mit sich herum. Domizil finden sie in der Schale der Wellhornschnecke. (Foto: Rifka Kramp)

Quallen bei ihren Wasserspielen zu beobachten, kann ziemlich spannend sein. Sie bewegen sich nämlich per Rückstoßprinzip fort.

Wo Miesmuscheln sind, ist auch der Seestern meist nicht weit. Sie gehören nämlich zu seiner Leibspeise. Der fünfarmige Stachelhäuter stülpt sich über die Muschelschale und zieht und zerrt mit allen Tentakeln daran, bis die Muschel sich etwas öffnet. Dann stülpt der Seestern seinen Darm hervor, schiebt ihn durch die Schalenöffnung und verdaut die Nahrung außerhalb seines Körpers.

Sie hört auf den hübschen wissenschaftlichen Namen Aurelia aurita, damit gemeint ist die Ohrenqualle, dem wohl wabbeligsten Sommergast der Insel. Trotz hohen Ekelfaktors ist sie eigentlich harmlos. Ganz anders als die Gelbe Haarqualle, ihr umgangssprachlicher Name Feuerqualle ist Programm: Kommt man beim Schwimmen mit den Nesselfäden des dunkelrot bis gelben Tiers in Berührung, kann dies ganz schön schmerzhaft sein und rote Striemen verursachen. Aber diese Tiere aus sicherer Entfernung zu beobachten, ist höchst interessant.

Quallen schwimmen durch eine sich zusammenziehende Bewegung ihres Schirmes, bei der sie nach dem Rückstoßprinzip Wasser nach unten ausstoßen. Dabei bewegen sie sich schräg nach oben, um sich danach wieder etwas nach unten fallen zu lassen.

In den Gewässern um Helgoland gibt es auch Haie, allerdings von der wirklich harmlosen Sorte. Der Katzenhai hat es auf Krebse, Muscheln und kleine Fische abgesehen – und lässt Badende in Ruhe. Der hier vorkommende Kleingefleckte Katzenhai ist schlank und hat eine keilförmige Figur. Ausgewachsene Tiere werden in der Nordsee bis zu einem Meter groß. Die Oberseite des Hais ist grau bis bräunlich gefleckt, während die Unterseite hell und fast ohne Flecken ist. Um den Felsen findet der Katzenhai ausreichend Nahrung, und perfekt ist dieser Lebensraum auch für seine Eiablage. Das Weibchen des Kleingefleckten Katzenhais legt jedes Jahr nur etwa 20 Eier in den Algenwäldern ab. Sobald ein Kapselfaden in Berührung mit einer Alge, Seegras, einem Stein oder mit Miesmuscheln kommt, schnurrt er sich zusammen und haftet fest. Das Gehäuse wird so aus der Geschlechtsöffnung gezogen.

Diese leeren Eikapseln, langgezogen und rechteckig, nennt der Volksmund auch »Nixen-Geldbeutel«. Bis ein junger Katzenhai sich entwickelt, dauert es bis zu neun Monate.

Die Fischer fangen Meeresbewohner wie Hummer und Taschenkrebse mit solchen Hummerkörben, die sie gruppenweise in den Unterwasser-Felsrinnen auslegen.

GESUNDHEIT UND WOHLBEFINDEN

DIE HEILKRÄFTE DER NATUR

Den legendären Jungbrunnen gibt es zwar nur im Märchen, aber die natürlichen Faktoren Sonne, Wind und Wasser auf Helgoland kommen dem schon ziemlich nahe. Das anerkannte Nordseeheilbad mit seinen natürlich wirkenden Kräften sorgt für Gesundheit und Wohlbefinden. Die Luft ist so jod- und sauerstoffhaltig wie nirgends in Deutschland und dazu noch staub- und pollenfrei. Das kann selbst klare Gebirgsluft nicht toppen. Auf Helgoland gibt es beispielsweise weniger Staubpartikel als auf der Zugspitze.

Keine andere Insel liegt so weit draußen in der von allen Seiten offenen See. Die Luft ist ohne Schadstoffbelastung, weil es keine Industrie und kaum Fahrzeugabgase gibt, selbst das Kraftwerk bezieht jetzt den Strom per Seekabel, sodass diese ohnehin geringfügigen Emissionen weggefallen sind. Ein Glück für Pollenallergiker ist, dass es hier keine nennenswerte Zahl frühblühender Bäume und Sträucher gibt. Während des beginnenden Frühjahrs, wenn auf dem Festland die Natur explodiert und die Nasen von Heuschnupfengeplagten anfangen zu triefen, verspricht ein Inselaufenthalt Linderung. Da hier kein Getreideanbau stattfindet, sind Roggenallergiker vor allem im Sommer besonders gut aufgehoben, weil sie bedenkenlos tief durchatmen können.

Das typische Seeklima ist gesundheitsfördernd. Der Deutsche Allergiker-Bund wusste das schon 1902 zu schätzen und gründete sich hier als erste Patienten-Selbsthilfegruppe überhaupt.

Temperaturschwankungen fallen relativ gering aus, im Sommer ist es nicht zu heiß und im Winter nicht zu kalt. Schnee und Frost sind eher selten.

Die natürlichen Faktoren der Insel sind gesundheitsfördernd und erholsam. Hier werden Körper und Seele Erholung geboten.

Sauerstoffdusche gefällig? Die staub- und pollenfreie Luft ist Balsam für die Atemwege.

Aber nicht nur die Seeluft, auch das klare Nordseewasser spielt eine große Rolle. Ein Brandungsbad im Meer belebt die Körperfunktionen und härtet ab. Salzwasser in Verbindung mit Sonne kann auch bei vielen Hautproblemen für erhebliche Besserung sorgen und fördert auf jeden Fall Heilungsprozesse.

Trotz der milden Temperaturen gibt es hier das so genannte Reizklima, bedingt durch den fast ständig vorhandenen Wind, der oft mehrere 100 Kilometer über das offene Meer zurückgelegt hat. Reizstarke und damit organismusstärkende Faktoren dieses Klimas sind niedrige Lufttemperatur, hohe Windgeschwindigkeit, hohe UV-Strahlung sowie das Aerosol, das bei der Brandung frei wird.

Dieses Hochseereizklima zeigt insgesamt gute Wirkung bei chronischen Atemwegserkrankungen, bei nervösen Störungen und allgemeiner Schwäche, bei Hautkrankheiten, Herz- und Gefäßkrankheiten und chronischen Erkrankungen des Bewegungsapparates.

Die Dünenfähre nimmt Kurs auf die Wellnessoase Strandinsel. Zum Auftanken gibt es dort viele gute Plätze, die der Gesundheit und dem Wohlbefinden dienen.

Wer zu therapeutischen Gesundungszwecken auf der Insel kuren möchte, muss auf medizinische Vorortbetreuung nicht verzichten, es gibt hier drei praktizierende Ärzte.

Das Kurmittelhaus auf dem Nordostland gleich neben dem Schwimmbad bietet verschiedene wohltuende Bäder, Packungen, diverse Massagen und Inhalationen an. Wer möchte, kann sich auch gleich dort einmieten, um die Anwendungen direkt im Haus zu haben, denn im Kurmittelhaus gibt es Ferienappartements.

Und auch einige Hotels bieten eigene gesundheitsfördernde und das Wohlgefühl steigernde Angebote als Ergänzung zu den natürlichen klimatherapeutischen Ressourcen.

DIE DÜNE

BADEPARADIES, SAND- UND SCHATZKISTE

Die rund 1.000 Meter lange und 700 Meter breite Düne ist eine Welt für sich. Zwei Traumstände bietet die kleine Schwesterinsel, die Tagesgäste meist nur aus der Ferne betrachten. Auch den Insulanern selbst ist die Düne liebgewordenes Naherholungsgebiet direkt vor ihrer Haustür. »Schon die Luft ist dort anders, viel klarer«, geriet selbst meine mit beiden Beinen auf dem Boden stehende Oma über das Badeparadies ins Schwärmen. Und schon der Ausflug mit der Dünenfähre von der Landungsbrücke aus ist ein Erlebnis.

Vielen Tagesbesuchern bleibt der Zauber der Düne verborgen. Sie betrachten das einzigartige Natur- und Badeparadies oft nur aus der Ferne.

Nach etwa sieben Minuten am Dünenanleger sicher angelandet, stellt sich dann die Frage: Nord- oder Südstrand. Flexible machen die Entscheidung abhängig von der Windrichtung. Aber es gibt auch eingefleischte Fans, die niemals Strände tauschen würden. Der Nordstrand (links vom Anleger) ist herber und ursprünglicher. Hier ist es übrigens nicht nur den Austernfischern piepegal, wie die Leute herumlaufen, sich in die Wellen stürzen oder sich am Volleyballnetz sportlich betätigen. Ob Badekleidung oder nackt – erlaubt ist jedem, was gefällt. FKK-Anhänger stören sich nicht an den Bekleideten und umgekehrt ist es ebenso.

Weil gefährliche Unterströmungen lauern können, darf nur am gekennzeichneten Badestrand im hinteren Bereich zu den ausgewiesenen Zeiten gebadet werden. Hier hält der Schwimmmeister Wache und zieht an seiner Hütte rote Bojenbälle hoch, wenn es zu gefährlich ist, in die Fluten zu steigen, denn Wellen können hier richtige Wucht haben. Ein Ball bedeutet Badeverbot für Kinder und Nichtschwimmer, bei zwei Bällen müssen alle fix aus dem Wasser. Das gilt übrigens auch für die Badezone am Südstrand. Er ist lieblicher, hat seichteres Wasser und feineren Sand. Vor allem Familien mit kleineren Kindern wissen das zu schätzen. Strandkörbe können übrigens an beiden Stränden gemietet werden.

Paradiesische Zustände gibt es nicht nur für Badenixen und Sonnenanbeter – inklusive Exklusiverlebnis von Robben und Seehunden, die sich von den Zweibeinern nicht stören lassen. Schatzsucher kommen bei Muschel-, Bernstein- und Fossiliensuche am Ufersaum auf ihre Kosten.

Bei Hochwasser und besonders nach Stürmen gibt das Meer die Fossilien frei. Bei ablaufen-

Auch wer eher bescheidene Ansprüche an seine Unterkunft stellt, findet hier den richtigen Platz, um sein Zelt aufzuschlagen.

dem Wasser werden die viele Millionen Jahre alten Versteinerungen längst ausgestorbener Meeresbewohner am besten gesammelt. Die Nordsee wirft Ammoniten, Donnerkeile (Belemniten), pechschwarze Katzenpfötchen (Hohlraumausfüllung verschiedener Ammoniten) an den Strand.

Auch Katzengold (Pyrit) wird hier angespült. Oder man macht sich auf die Suche nach dem Roten Flint, dem Feuerstein, der nur vor der Düne auftaucht und dem sogar Heilkräfte zugesprochen werden. Als Helgoländer Achat wird der geschliffene Flint auf Helgoland als Schmuckstein verkauft.

Wer kein Glück bei der fossilen Schatzsuche hat – vielleicht auch weil der Blick nach unten immer wieder von der einzigartigen Landschaft abgelenkt wird –, kann auch ganz gewöhnliche Feuer- sowie Kalksteine mit und ohne Loch sammeln oder die vom Meer glatt geschliffenen Kieselsteine und Glasnuggets für sich als ganz persönlichen Inselschatz deklarieren.

Zeit innezuhalten bietet dem Dünenbesucher der Friedhof der Namenlosen, dessen Geschichte weit zurück reicht in die Zeit, als Schiffe vor Helgoland strandeten und unbekannte tote Seemänner angespült wurden, die hier ihre letzte Ruhestätte fanden. Ein Gedenkstein erinnert an sie. Ebenso wird an die Opfer der BERMPOHL-Katastrophe gedacht die Männer des Seenotrettungskreuzers mussten bei einem Einsatz 1967 ihr Leben in stürmischer See lassen sowie an drei auf See gebliebene Meeresforscher. Die schwere Friedensglocke ist übrigens eine Stiftung zur Freigabe

Auf keinen Komfort verzichten müssen die Gäste im neuen Bungalowdorf. Die farbenfrohen Ferienhäuser im skandinavischen Stil sind modern ausgestattet.

Helgolands am 1. März 1952, daran erinnert die Inschrift »Weer drenn iip Lunn!« (Wieder heim auf Helgoland). Während des Sommers werden regelmäßig abendliche Dünengottesdienste auf dem Friedhof der Namenlosen abgehalten.

Querfeldeinlaufen durch die Dünen ist aus gutem Grund verboten. Die ausgewiesenen Wege sollten aus Naturschutzgründen nicht verlassen werden, um Nistvögel in Ruhe zu lassen und den Strandhafer, der den Sand auf der Düne hält, nicht plattzutreten. Seeschwalben, Austernfischer, Möwen, Strandläufer und Steinwälzer, Pieper und Lerchen nutzen die Düne als Domizil.

Wenn die Nordsee merklich abkühlt und nur noch die ganz Hartgesottenen in die Fluten steigen, lohnt sich der Dünenbesuch dennoch. Bei Spaziergängen an den beiden Stränden oder auf der kieselsteinbedeckten Aade im Ostteil kommt jeder garantiert wieder auf klare Gedanken. Eine kräftige Meeresbrise mit Salz- und Seetangduft ist gesund und bietet beste Antistresstherapie.

Wenn dickbäuchige Seehunde neugierig aus ihren Kulleraugen den zweibeinigen Strand-läufer beobachten, dann ist garantiert auch die schlechteste Laune wie weggeblasen.

Ein vom Verein Jordsand konzipierter Naturlehrpfad informiert Besucher über die Besonderheiten der Düne. Auf 14 Schautafeln werden Themenbereiche wie Leben unter Wasser und in der Luft, Pflanzen und Tiere auf der Düne, Geologie und Entstehung erklärt. Darüber hinaus werden die Besucher für den schonenden und rücksichtsvollen Umgang mit dieser einzigartigen Naturlandschaft sensibilisiert.

Die Düne ist nicht nur reich an verschiedenen Tieren, sondern auch an Pflanzen: Hier wachsen Strand- und Dünenquecke, Strandhafer und -roggen. Aber auch Stranddistel und die Strandsegge, Scharfer Mauerpfeffer und Sanddorn sind hier zu finden.

Auf der Düne sind Urlauber willkommen. Der Zeltplatz und die schlichten Holzhütten hinterm Nordstrand sind wohl eher etwas für Anspruchslose, die mit gemeinschaftlichen Sanitäranlagen kein Problem haben. Um Längen komfortabler sind da die neuen Ferienhäuser im skandinavischen Stil, die in Anlegernähe entstanden sind und von April bis in den Oktober hinein von Urlaubern bei der Tourismuszentrale gebucht werden können. Die bunten Bungalows, modern ausgestattet mit eigener Dusche/WC und Einbauküche, sorgen für einen unabhängigen Dünenaufenthalt inmitten einer unvergleichlichen Natur. Hier kann jede Familie ihrem individuellen Rhythmus in den eigenen vier Wänden auf Zeit folgen.

> *Die Düne in Zahlen*
> - Größe ca. 0,70 Quadratkilometer
> - zwei Sandstrände
> - Flugplatz für Linien- und Privatmaschinen (längste Landebahn 480,00 Meter) mit Tankstelle, Gastronomie und Shop
> - Dünenrestaurant mit Sonnenterrasse am Südstrand
> - Kinderspielplatz
> - Zeltplatz
> - Robinson-Hütten
> - Ferien-Bungalowdorf

KEGELROBBEN SIND ZUGPFERDE

Selbst scharfe, eisige Windböen im Winter bringen Besucher nicht davon ab, sich mit der Fähre zur Düne übersetzen zu lassen. Hier erleben sie ein einmaliges Naturschauspiel. Die Düne ist Kegelrobbenparadies.

Die Kegelrobbe erhielt den Namen wegen ihres langen, kegelförmigen Kopfes. Die Männchen sind dunkel mit hellen Flecken, die Weibchen hell mit dunklen Flecken. Nirgendwo an der gesamten Nordsee lassen sich diese Tiere so gut aus nächster Nähe beobachten. Und hier ist die Kinderstube der Kegelrobben. Zwischen Ende November und Mitte Dezember erblickt der Meeressäugernachwuchs das Licht der Welt. Wie Plüschtiere sehen die Robbenbabys in dem weißen Kuschelfell und mit ihren großen Kulleraugen aus.

Kegelrobben bringen ihre Jungen in der kältesten Zeit des Jahres zur Welt und setzen sie dann buchstäblich am Strand ab. Die Neugeborenen sind schwimmunfähig, solange sie ihr dichtes weißes Flauschfell haben. Während die Mutter auf Fischzug geht, bleiben die Babys manchmal stundenlang am Strand zurück, robben sich zu windgeschützten Stellen und harren dort aus, bis sie gesäugt werden.

Neu geborene Kegelrobben sind schlank und nur um die zehn Kilogramm schwer. Sie werden 15 bis 20 Tage gesäugt und nehmen durch die fetthaltige Muttermilch schnell zu: pro Tag 1,5 bis 2 Kilogramm. Am Ende der Stillzeit hat das Junge das Vierfache an Gewicht zugelegt. Dann lässt das Muttertier es am Strand allein liegen, es muss von den Fettreserven zehren. In diese Zeit fällt auch der Fellwechsel. Es kann bis zu drei Wochen dauern, bis es sich dann zum ersten Mal ins Wasser robbt. Während die Jungen flutsicher am Strand liegen, beginnt die Paarungszeit für die kommende Generation.

1998 tauchte die erste Kegelrobbe vor Helgoland auf, seitdem sind sie Dauergäste mit Zugpferd-Charakter. Das touristische Potenzial ist längst erkannt. Naturkundliche Führungen der Seehundsbetreuer und des Naturschutzvereins Jordsand, Pauschalangebote der Kurverwaltung, sogar spezielle Fotoreisen werden zur Wurfsaison angeboten. Dünenbesuchern werden in der Zeit neben Führungen auch wichtige Infos gegeben, wie sie sich gegenüber den Robben verhalten sollen, um sie nicht zu stören. Mensch und Natur bilden mittlerweile rund ums Jahr offensichtlich eine gute Symbiose.

Die Robben – aber auch die Seehunde – haben sich an sommerliche Badegäste und den benachbarten Fluplatz gut gewöhnt und lassen sich augenscheinlich nicht aus der Ruhe bringen. Dennoch darf man sich von ihrer scheinbaren Behäbigkeit nicht täuschen lassen und sollte einen Sicherheitsabstand von mindestens 30,00 Metern wahren. Kegelrobben sind die größten Raubtiere, die in freier Wildbahn in Deutschland leben – und selbst ein Bullenkoloss kann sich trotz Masse fix bewegen und kräftig zubeißen.

Der Naturerlebnispfad auf der Düne leitet die Spaziergänger auf sicheren Wegen zu den Sehenswürdigkeiten, gibt Einblick in die Flora und Fauna und weckt Verständnis für ihre Bedürfnisse.

Herr der Robben

Rolf Blädel ist Herr der Robben. Gemeinsam mit dem Verein »Jordsand« betreut der pensionierte Wasserschutzpolizist die Robbenkolonie. Während der Wurfzeit ist er täglich auf Kontrollgang auf der Düne. Er ist offizieller Seehundjäger, aber geschossen werden dürfen nur kranke Tiere. Seine Aufgabe ist neben der Betreuung der Kolonie und fachkundigen Führungen besonders das Markieren der Neugeborenen zu Forschungszwecken. Durch Festkneifen einer farbigen nummerierten Erkennungsmarke an der Hinterflosse kann der Lebensweg verfolgt werden. 80 Kegelrobbengeburten registrierte der Naturschützer allein in der Wurfsaison 2009/2010.

Die Arbeit des Seehundjägers bedeutet manchmal auch Schwerstarbeit, wie folgendes Beispiel beweist: Ein vorwitziges weibliches Robbenkind robbte auf dem östlichen Dünendamm viel zu weit hinaus und fiel dort zwischen die Steine. »Dort saß sie nun wie ein Korken in der Flasche. Mit zwei Mann benötigten wir über eine Stunde, bis wir diesen um sich beißenden Speckballon wieder auf dem Strand hatten. Sie hatte bestimmt ihre 50 bis 60 Kilogramm auf den Rippen«, berichtete Rolf Blädel.

TIPP

Wer seinen Beitrag für den Naturschutz leisten und die Arbeit unterstützen möchte, kann beim Verein Jordsand für 50,- Euro eine Robbenpatenschaft übernehmen. Infos gibt es in der Hummerbude des Naturschutzvereins am Binnenhafen oder unter www.jordsand.de

Kegelrobbenbabys sind die winterlichen Topmodels. Nirgendwo sonst können die Wildtiere so gut aus der Nähe beobachtet werden.

KULINARISCHES

VON WEGEN HUMMER IST DER BESTE KOCH – KNIEPER SIND DER ECHTE HAMMER

Es muss nicht immer Kaviar sein, auch wenn es ihn zollfrei auf der Insel zu kaufen gibt. Und Helgoland ist zwar berühmt für seinen delikaten Hummer, doch je knapper und teurer dieses edle Krustentier wird, umso beliebter wird der Taschenkrebs, der sich in Gewässern rund um Helgoland tummelt und von den Fischern im Hummerkorb gefangen und hochgehievt wird. Seine Scheren stehen in Inselrestaurants als Knieper (Kneifer) auf der Karte, haben sich längst als Delikatesse durchgesetzt und dem großen Bruder Hummer den Rang abgelaufen.

Fische und Vögel waren die traditionelle Kost auf der schwer erreichbaren Hochseeinsel. Von unglaublichen Vogelscharen, die den Helgoländern als Nahrung dienten, wurde schon 1550 dem Grafen Rantzau berichtet. Galten früher geschossene Lummen (Skitten) oder auch Silber-

Das sollte sich kein Gast entgehen lassen: Knieper sind eine echte Delikatesse.

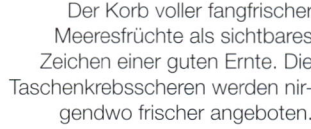

Der Korb voller fangfrischer Meeresfrüchte als sichtbares Zeichen einer guten Ernte. Die Taschenkrebsscheren werden nirgendwo frischer angeboten.

und vor allem Dreizehenmöwen (Miisken) dem Inselvolk als Festmahl – gerupft und in einer hohen Kuchenform mit Reis und Gewürzen im Ofen gebacken –, braucht der Gast heute solch kulinarische Entgleisungen nicht zu befürchten, dem Naturschutz sei Dank. Aber auch gesalzener Dorsch hängt nur noch vereinzelt zum Austrocknen auf den Wäscheleinen im Wind. Trockendorsch galt früher als guter Wintervorrat. Ebenso wie

Nicht nur lukullisch, sondern auch optisch ist das edle Mahl aus Neptuns Reich ein Hochgenuss.

das Nationalgericht Baksoalt. Das ist in einem Holzfass eingelegter, gesalzener Dorsch, der in Portionen geschnitten, gewässert und mit Kartoffeln gekocht wurde. Auch dieses Gericht ist in den Familienküchen selten geworden. Den Weg auf die Speisekarten der Restaurants haben diese inseltypischen Mahlzeiten ohnehin nie gefunden.

Dort werden vielmehr frische Fischgerichte in allen Variationen angeboten, aber auch Fleischesser kommen zu ihrem Recht. Restaurants gibt es in guter Auswahl und Qualität. Die Preise sind weitgehend zivil, bewegen sich oft sogar unter Festlandsniveau. Sollte man jedoch ein Knieperessen planen – und dies dürfte sich eigentlich kein Urlauber entgehen lassen –, empfiehlt sich eine Vorbestellung.

Das mit Hummergabeln aus den

INSULANERTIPP

Wann schmecken Knieper eigentlich am besten?

Karl-Heinz Hottendorff, Börtebootkapitän und Hummerfischer: »Am besten, wenn sie frisch gefangen wurden. Also von Ende April bis in den Oktober hinein. Die Scheren werden wie Kartoffeln gekocht, 20 Minuten im Salzwasser. Mit einem kleinen Hammer werden dann die Schalen aufgeschlagen.

Zu Knieper gehört die richtige Soße, Toast und ein schöner Wein, egal ob weiß oder rot. Pro Person rechnet man ein knappes Kilo, aber mehr kriegt man sowieso nicht runter.«

Zangen gepulte Knieperfleisch ist schlichtweg köstlich, aber keine leichte Kost. Um an das leckere Fleisch zu kommen, werden die harten Schalen mit Hammerschlägen geknackt. Serviert werden Knieper auf einer Schale mit Zitronenspalten. Die dienen übrigens nicht

Eine weitere typisch Helgoländer Spezialität sind *Sokkerstruven*. Allerdings nur zur Weihnachtszeit. Dieses Gebäck ist zwar nicht kalorienarm, dafür aber schlichtweg lecker. Wer es ausprobieren mag (es lohnt sich!), hier folgt das Rezept:

4 Eier
125 g Butter
250 g Zucker
625 g Mehl
+ Mehl zum Ausrollen
2 Teelöffel Hirschhornsalz
2 Kilogramm Friteusenfett zum Ausbacken

Die Zutaten werden gründlich zu einem Teig verknetet, danach ruht der Teig mindestens eine Stunde im Kühlschrank. Anschließend wird er etwa 2 bis 3 Millimeter dick ausgerollt und in etwa 10 mal 10 Zentimeter große Quadrate geschnitten. In die Mitte dieser Teigquadrate schneidet man 3 Zentimeter diagonal ein und klappt die Ecken zur Mitte hin. Anschließend kommen Teigstücke ins heiße Fett und werden etwa 5 Minuten lang gebacken, bis sie goldbraun sind. Die noch heißen Sokkerstruven werden mit Zucker bestreut.

Rezept: *Original Helgoländer Eiergrog*

1 Eigelb
1 Esslöffel Zucker
4 cl Arrak
4 cl brauner Rum
und heißes Wasser

Eigelb mit dem Zucker in einem vorgewärmten Glas schaumig rühren, Alkohol zufügen und mit dem heißen Wasser auffüllen.

nur der farbigen Garnierung, sondern erleichtern die Bekömmlichkeit und sorgen dafür, dass die Krebse nicht zu schwer im Magen liegen und dort anfangen zu kneifen. Gereicht werden Knieper mit Cocktail- und Knoblauchsauce sowie Toast. Helgoländer selbst essen das Scherenfleisch gern auch als Salat, indem sie es mit einem Mayonnaisendressing mischen und auf Schwarzbrot streichen.

Und eine weitere Eiweißbombe hat es in sich. Diese Spezialität wird tüchtig gerührt – und nicht geschüttelt: Helgoländer Eiergrog – und der siebte soll sogar kostenlos sein. Ob dies allerdings pure Schaumschlägerei von pfiffigen Wirten ist, lohnt sich nicht als Selbstversuch. Das süffige Getränk ist nämlich durchaus tückisch, und ein ausgewachsener Eiergrog-Kater soll richtig fürchterlich sein. Also: Lieber nur einen Eiergrog (vielleicht auch zwei) in netter Gesellschaft in einer der gemütlichen Gastwirtschaften genießen.

Helgoländer Eiergrog sollte man durchaus probieren. Aber in Maßen, denn der hat es wirklich in sich.

Eiergrogstube

WETTERFRÖSCHE IM KLIMAGARTEN

WETTER IST RUND UM DIE UHR EIN THEMA

D as Wetter spielt eine zentrale Rolle, nicht nur als Gesprächsthema. Es hat auf einer so weit draußen liegenden Insel tatsächlich konkrete Auswirkungen auf das tägliche Leben. Bei Sturmwarnung suchen Schiffe Schutz im Hafen, eine angekündigte Schönwetterlage lässt die Touristen strömen und die Gastronomie kann das Terrassengeschäft einplanen, bei Nebel ist das Flugzeug lahm gelegt und bei Starkwind läuft der Dampfer erst gar nicht aus.

Wie das Wetter ist, kann jeder sehen, interessanter hingegen ist, wie es wird und wie es sich im Lauf der Zeit entwickelt. Ganz dicht dran sitzen die Wetterbeobachter des Deutschen Wetterdienstes. Ihr Domizil ist hinten im Südhafen, näher dran kann man am Seewettergeschehen kaum sein. Rund um die Uhr an 365 Tagen im Jahr nehmen die sechs Mitarbeiter dort im Schichtdienst das Wetter genauestens unter die Lupe und sammeln Daten und Fakten. Besucher sind übrigens ausdrücklich erwünscht, sich ein eigenes Bild zu machen.

In der Wetterwarte werden ganzjährig und rund um die Uhr die für die Klima-überwachung zentrale meteorologische Größen gemessen und beobachtet. Dazu gehören Luftdruck, Luft- und Bodentemperaturen, die Niederschlagshöhe und

Sonnenscheindauer, Windstärke und relative Feuchte. Dafür gibt es ganz genaue Geräte, die draußen im so genannten Klimagarten, der mit modernster Messtechnik bestückt ist, mehrmals täglich von den Wettertechnicken abgelesen werden.

Jede Stunde werden die aktuellsten Daten nach Hamburg und Offenbach geschickt, von dort aus werden die Helgoländer Werte in die Vorhersagemodelle eingespeist.

Die Station ist wegen ihrer zentralen Lage in der Deutschen Bucht wichtig, besonders natürlich für die Seeschifffahrt, aber auch als ein Baustein für das Weltwetterwachprogamm, in dem festgeschrieben ist, wo Daten erfasst werden – und Helgoland gehört dazu.

Für die Klimaforschung und mögliche Anpassungen an den Klimawandel werden jahrzehntelange Beobachtungen als unverzichtbar angesehen. Der Deutsche Wetterdienst besitzt daher seit 2007 bundesweit ein Netz von zwölf Klimareferenzstationen. Als Standorte, die repräsentativ für ihr landschaftliches und klimatisches Umfeld sind, hat der Deutsche Wetterdienst Hamburg, Schleswig, Potsdam, Görlitz, Lindenberg, den Brocken, Aachen, den Fichtelberg, Frankfurt am Main, den Hohenpeißenberg, Konstanz und eben Helgoland ausgewählt. Überall wird dort nach einheitlicher Messtechnik mit ausgebildeten Wetterbeobachtern gearbeitet, die die Veränderungen des Klimas systematisch erfassen.

Die Erfassung auf Helgoland wird übrigens schon seit den 50er Jahren des vorigen Jahrhunderts vorgenommen, sodass die Wetterfrösche das Inselklima mit all seinen Schwankungen kennen und wissen, dass sie an einem der sonnenreichsten Plätze Deutschlands arbeiten. Deutlich wird aber auch, dass sich ein genereller Trend der Erwärmung abzeichnet.

In stürmischen Zeiten ist die Macht der Elemente besonders spürbar. Der Betrachter steht mittendrin im Naturschauspiel und erlebt hautnah, wie der Wind Wellenberge gegen Molen peitscht und die Gischt meterhoch geschleudert wird.

Das erste Jahrzehnt des 21. Jahrhunderts war übrigens das wärmste seit Beginn der Helgoländer Wetteraufzeichnungen im Jahre 1953. Die Jahresmitteltemperatur lag bei 10,3 Grad Celsius, das sind 1,2 Grad Celsius mehr als das langjährige Mittel.

Wetterseminare und Stormwatching

Alle reden zwar übers Wetter, hier hat man aber die Gelegenheit, tiefer in die Thematik einzusteigen. Seit über zehn Jahren veranstalten Wetterbeobachter Peter Krüß (Helgoland) und Günter Delfs vom Seewetteramt Hamburg regelmäßig Wetterseminare im Hotel Rickmers Insulaner. Darin werden Fragen beantwortet wie: Warum ist der Himmel blau und warum sind die Wolken weiß? Welche Bedeutung haben Wolkenformen für das Wetter morgen? Wie lese ich eine Wetterkarte?
Der Deutsche Wetterdienst unterstützt diese Kurse, so stehen dabei Besuche der Wetterstation mit ihrem Klimagarten auf dem Programm und die Teilnehmer erproben sich selbst bei der Erforschung und nehmen Messungen vor. Für ganz Hartgesottene gibt es sogar die Möglichkeit des »Stormwatching«. Wenn ein Sturmtief im Anflug ist, werden Registrierte vom Hotel direkt benachrichtigt, um rechtzeitig auf die Insel zu gelangen, wo sie dann die Wucht der Elemente spüren können, zum Beispiel wenn der Wind mit bis zu 146 Stundenkilometern Geschwindigkeit ungebremst über das Meer peitscht und Wellentürme aufbaut. Der Aufprall der Wogen kann dann Gischtwolken schon mal 30,00 Meter an den Molen hochschleudern.

www.helgoländer-hochseewinter.de

Modernste Technik wird
im Klimagarten eingesetzt.

WEGWEISER
IN DUNKLER NACHT

Er ist nicht zu übersehen, weder am Tag, und nachts schon gar nicht: der 34,80 Meter hohe Leuchtturm auf dem Oberland. Sicherlich gibt es schönere Leuchttürme als dieses rote Ziegelsteingebäude mit Stahlbetonkorsett, aber keines thront höher über der Deutschen Bucht.

Wer die 160 Stufen und 13 Stockwerke erklommen hat, befindet sich fast 85,00 Meter über dem Meeresspiegel der Nordsee und dem Himmel ganz nah. Aber dieser Wahnsinnsblick ist nur bei ganz speziellen Führungen zu erleben.

Dieser Turm ist ein richtiges Bollwerk, das dem Bombenhagel getrotzt und zahllose schwere Stürme überstanden hat.

Die Helgoländer Leuchtturmgeschichte beginnt so richtig erst 1639. Auf einem Backsteinbau errichteten Hamburger eine Feuerblüse, die den Schiffen den richtigen Kurs wies und vor Strandungen warnte.

Vorher muss es wohl für die Insulaner ziemlich einträglich gewesen sein, Ladung und Material gestrandeter Schiffe für sich gewinnbringend nutzen zu können.

In englischer Zeit ab 1807 kam es dann bald zum Umbau zu einem ersten richtigen Leuchtturm. Ab 1811 strahlte vom 18,00 Meter hohen Steinturm Licht in dunkle Nacht. In die gläserne Laterne waren zunächst 24 Parabolscheinwerfer

34,80 Meter hoch und mit modernster Technik bestückt ist der Inselleuchtturm, der auf dem Oberland thront.

als Optik eingebaut, 1875 kam es zur technischen Neuerung, indem die vom Physiker Fresnel entwickelten Linsen genutzt wurden.

Nachdem die Insel 1890 an das Deutsche Reich ging, gab es Neubaupläne: 1901 war Baubeginn und Inbetriebnahme bereits im Frühsommer des Folgejahres.

Ein 36,00 Meter hoher Ziegelsteinturm mit doppelter Galerie, der im eisernen Laternenhaus ein Spiegeldrehfeuer mit einer Kohlenbogenlampe hatte. 23 Seemeilen weit war dieses Leuchtfeuer sichtbar. Während der Bombenangriffe wurde dieser Turm jedoch total zerstört.

Den heftigen Kriegsangriffen trotzte als einziges Gebäude auf der Insel dieser während des Zweiten Weltkrieges 1941 errichtete Flakturm aus Stahlbeton, 1952 kurz nach Freigabe der Insel wurde er dann als Leuchtturm in Betrieb genommen, zunächst allerdings provisorisch. 1965 erfolgte der Umbau, der rechteckige Turm erhielt einen Mantel aus rotem Klinker.

In seinen unteren zwei Stockwerken wurde zur Zeit des Kalten Kriegs in den 60er Jahren sogar ein Atombunker eingebaut. Die Fenster dort sind nur Attrappe.

Das Hauptfeuer war am 1. April 1965 voll in Betrieb. Weithin sichtbare Umbauten erfolgten 1982 bis 1984 mit dem Aufbau der markanten Antennen. Die Leuchtfeuertechnik wurde 1987 modernisiert.

Der Beginn einer neuen Ära. Dies bedeutete nicht nur den Anschluss an die Fernsteuerung in Tönning. Damit war die Zeit der Leuchtturmwärter zu Ende, der Helgoländer Willy Krüß war letzter seiner Zunft.

Im Helgoländer Leuchtturm eingebaut ist eine Drehscheinwerferoptik mit 2.000 Watt starken Xenon-Hochdrucklampen. Die Optik besteht aus drei Scheinwerferlinsen, die

übrigens doppelt vorhanden sind. Sie werden durch einen Elektromotor angetrieben und drehen sich um die Lichtquelle. Im Falle eines Ausfalls schaltet sich übrigens automatisch die zweite Optik ein. Der Leuchtturm Helgoland mit seiner Feuerhöhe von etwa 83,00 Metern über dem Meeresspiegel schickt alle fünf Sekunden sein weißes Blitzfeuer weit übers Meer. Die drei Lichtfinger sind 28 Seemeilen weit zu sehen. Der Wächter in der Deutschen Bucht weist der Seefahrt den richtigen Kurs. Übrigens nicht nur in dunkler Nacht: Zusätzlich zu seiner Leuchtfunktion ist modernste Funk- und Radartechnik in schwindelerregender Höhe eingebaut. So registriert zum Beispiel das automatische Schiffsidentifizierungssystem sämtliche Schiffsbewegungen in der Deutschen Bucht zwischen Jade und Elbe und leitet diese dann weiter an die Wasser- und Schifffahrtsämter.

Weitaus hübscher und auch dem klassischen Bild eines Leuchtturms entsprechend ist der rot-weiß geringelte Turm am Südstrand der Düne. Er gehört wohl zu den meist fotografierten Bauwerken.

Leuchtturm in Zahlen

34,80	Meter Höhe
13	Stockwerke bis zum Signalfeuer
160	Stufen
Optik:	Drei Sammellinsen, angeordnet auf Drehgestell
Lichtquelle:	2.000 Watt starke Xenon-Hochdrucklampe
Weitere Technik:	moderner Funk und Radar, z.B. Automatisches Identifikationssystem (AIS), sowie Brandschutz

---

Dieses Oberfeuer wurde 1936 errichtet als Ersatz für ein vorheriges Eisengestell. Die Stahlsegmente wurden damals übrigens in der renommierten Isselburger Hütte am Niederrhein gefertigt, zur Insel transportiert und auf Helgoland dann schließlich Stück für Stück zusammengesetzt.

1952 wurde der kriegslädierte Turm wieder hergestellt. Das Oberfeuer Düne ist 15,00 Meter hoch und 9 Seemeilen weit zu sehen. Seit 1982 kann es übrigens von der Insel aus ferngesteuert werden.

EIN BUMMEL DURCH DEN HAFEN
WO DER GRÖSSTE RETTUNGSKREUZER SEINE LEINEN FESTMACHT

Der Hafen ist Treff für Seh- und Seeleute, ein Ort der steten An- und Abkunft, an dem schnell die Zeit vergessen ist. Schließlich gibt es hier jede Menge zu gucken. Wann sieht man schon mal einen Hummerkorb aus nächster Nähe, riecht dieses seltsame Gemisch aus Salzwasser, Teer und Diesel oder kann mit einem Fischer zur Angelfahrt hinausfahren?

Auf der Hafenpromenade entlang der bunten Hummerbudenzeile herrscht Geschäftigkeit. Die Souvenirläden, Galerien und Infozentren von Museumsverein oder dem Verein Jordsand laden zum Bummeln, Stöbern, Entdecken und Klönen ein. Oder man nutzt die Zeit zum Verweilen in der Gastronomie: Wer möchte, kann bei schönem Wetter draußen Platz nehmen, frisch geräucherte Fischspezialitäten genießen oder ein Kaltgetränk und das rege maritime Leben um sich herum beobachten.

Oder man bummelt einfach durch den Hafen. Im Binnenhafen wird an der Zollpier die Fracht gelöscht, die Fischer bringen Boote und Fangkörbe in Ordnung, Schiffe der Biologischen Anstalt warten auf den nächsten Einsatz, Motor- und Segelboote legen bei der einzigen Tankstelle an, um günstig Sprit zu bunkern.

Ein paar Schritte weiter im Südhafen machen Fischkutter von der gesamten Nordseeküste fest, Segler erholen sich von ihrem Ritt über die Nordsee und nutzen den Inselaufent-

Kunst – Kultur – Knieper heißt es an der Hafenstraße: Maritimes Flair mixt sich in der Hummerbudenzeile mit künstlerischem Treiben.

Stimmungsvoller Blick über den Südhafen mit dem größten Seenotrettungskreuzer HERMANN MARWEDE als markantem Blickpunkt.

TIPP

Die DGzRS gilt …

… als modernster Seenotrettungsdienst der Erde. Sie finanziert sich ausschließlich durch Spenden. Permanent einsatzbereit ist ihre Flotte von 61 Seenotkreuzern und Rettungsbooten an der gesamten Nord- und Ostsee. Die Notrufzentrale hat ihren Sitz in Bremen. Von dort aus werden sämtliche Einsätze koordiniert. Im Helgoländer Südhafen kann der Rettungsschuppen besichtigt werden.

Infos unter www.dgzrs.de

halt, um bei den Schiffsausrüstern im Hafengebiet günstig einzukaufen. Dass es hier zum Beispiel superzartes Rinderfilet aus Südamerika zu sensationellen Preisen gibt, hat sich weit herumgesprochen. Zu Pfingsten in der Nordseewoche ist der Südhafen übrigens fest in Seglerhand. Dicht an dicht liegen dann die Päckchen der Rennziegen und Familienboote. Der Südhafen ist Heimat des Wassersportclubs Helgoland, der durch seine Infrastruktur dafür sorgt, dass Gastlieger sich willkommen fühlen können. Der Südhafen fällt, ebenso wie der Binnenhafen, in die Hoheit des Bundes. Hier ist auch der Anleger des Katamarans HALUNDER JET, und im Winter macht das Seebäderschiff an der

Der Binnenhafen mit den Hummerbuden ist ein guter Platz für See- und Sehleute. Hier kann auch das Arbeitsmaterial der Hummerfischer aus nächster Nähe begutachtet werden.

Kaimauer fest. Die zum Wasser- und Schifffahrtsamt Tönning gehörende Hafenvewraltung hat ihren Sitz in dem Gebäude am äußersten Ende der Hafenstraße. Ein Blick lohnt sich vor allem auf den Tonnenhof, wo die Seezeichen aus nächster Nähe begutachtet werden können. Weiß-signalroter Blickfang ist der größte Rettungskreuzer Deutschlands, die HERMANN MARWEDE. Bei SOS sind die Männer in Rot in ihrem Element. Der Rettungskreuzer peitscht dann durch die Nordsee. 25 Knoten schnell, das entspricht einer Geschwindigkeit von 46 Stundenkilometern. Sein Auftrag: Mensch und Material schnellstmöglich aus Seenot zu befreien. An Bord sind sieben sturmerprobte Männer, die das Revier wie ihre Westentasche kennen. Mast- und Schotbruch bei Yachten, Feuer an Bord, verletzte Seeleute oder gekenterte Motorboote sind ihr Metier.

Es ist auch das schnellste Schiff der Deutschen Gesellschaft zur Rettung Schiffbrüchiger (kurz DGzRS). Die Besatzung ist rund um die Uhr zum Einsatz in der gesamten Deutschen Bucht bereit. Helgoland liegt strategisch gut. Deswegen setzt die DGzRS hier auch das modernste Material ein. Die HERMANN MARWEDE ist 46 Meter lang, 10,66 Meter breit und hat einen Tiefgang von 2,80 Metern. Die Maschinenleistung beträgt 9.250 PS. Im Gepäck hat der Rettungskreuzer im Heck das 9,50 Meter lange Tochterboot VERENA. Mit 18 Knoten Geschwindigkeit und geringem Tiefgang von nur 0,96 Metern ist VERENA selbst bei geringen Wassertiefen in der Lage zu helfen und Menschenleben zu retten. Leute können sogar horizontal aus dem Wasser an Bord gehievt werden.

Kranke und Verletzte werden von der Besatzung im Bordhospital erstversorgt. Die Ausstattung ist mit einem Notarztwagen an Land vergleichbar. Bei Bedarf wird ein Seenotarzt per Hubschrauber zum Einsatz geflogen oder ist sogar von vornherein dabei. Neben dem Hospital auf dem Hauptdeck liegt der Mehrzweckraum. Kommt es zum Großeinsatz, ist hier Platz für weitere Hilfskräfte.

15 Nautiker und Techniker bilden die Stammbesatzung. Ihr Dienst wechselt im Zwei-Wochen-Turnus. Wachwechsel ist übrigens nicht auf Helgoland, sondern in Cuxhaven.

HERMANN MARWEDE in Zahlen

Länge:	46,00 Meter	Tiefgang:	2,80 Meter
Breite:	10,25 Meter	Geschwindigkeit:	25 Knoten

3 Propeller (Gesamtleistung 9.250 PS)
2 Bugstrahlanlagen (je 142 PS)
Hubschrauberarbeitsdeck, Bordhospital, Feuerlöschanlage

Auch die Biologische Anstalt Helgoland, die zwischen Binnen- und Südhafen das langgestreckte Gebäude mit dem raumschiffartigen Turm als eine ihrer beiden Forschungsstätten betreibt (im Volksmund »Ökolabor«), hat ihre Flotte im Hafen. Sie verfügt über eigene Schiffe mit Heimathafen Helgoland.

Der Rettungsschuppen der
Deutschen Gesellschaft
zur Rettung Schiffbrüchiger
im Südhafen ist ein guter
Ort, sich ein Bild von der
Seenotrettung zu machen …

… hier gibt es nämlich
jede Menge Informationen
aus erster Hand über die
ausschließlich aus Spenden
finanzierte Gesellschaft.

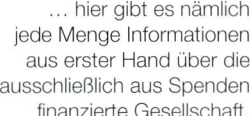

Das Flaggschiff ist die HEINCKE, ein modernes Forschungsschiff, das für Projekte im
gesamten Nordatlantik eingesetzt wird. Das Schiff ist ausgestattet mit Laborräumen und
Unterkünften für bis zu zwölf Wissenschaftler. Flaggschiff HEINCKE ist 54,59 Meter
lang und 12,50 Meter breit. Ihr Radius beträgt 7.500 Seemeilen.
In der gesamten Deutschen Bucht unterwegs ist die UTHÖRN. Dieser 30,50 Meter
lange Forschungskutter führt Mess- und Fangfahrten durch. In den Gewässern rund
um die Insel kommen die kleineren Motorboote AADE und DIKER zum Einsatz.

Schon von weitem zu erkennen, weil die Aufbauten selbst die Hafenhäuser überragen, ist auch die markante NEUWERK. Dieser häufige Gast im Südhafen ist das größte Schiff der deutschen Küstenwache und nimmt regelmäßig Kurs Helgoland. Das in Cuxhaven beheimatete Mehrzweckschiff der Wasser- und Schifffahrtsverwaltung des Bundes ist Feuerlösch- und Ölbekämpfungsschiff, Notschlepper, Tonnenleger, Eisbrecher – und sogar schifffahrtspolizeiliche Aufgaben werden wahrgenommen. Es fährt mit 16 Mann Besatzung, die Maximalgeschwindigkeit beträgt 15 Knoten (27,3 Stundenkilometer). Die NEUWERK ist 78,91 Meter lang, 18,63 Meter breit und hat einen Tiefgang von 5,96 Metern.

Hingucker sind auch diese regelmäßigen Hafengäste: die knallroten Schiffe der Lotsenversetzer oder der moderne grüne Zollkreuzer. Diese Schiffe haben zwei Rümpfe, heißen aber nicht Katamarane. Sie wirken ziemlich futuristisch. Ihre englische Bezeichnung SWATH steht für Small Waterplane Area Twin Hull, was soviel bedeutet wie Doppelrumpf mit kleiner Wasserberührungsfläche. In der Fachsprache nennt man die SWATH-Schiffe »Halbtaucher mit Doppelrumpf«. Sie sind außerordentlich seetüchtig, selbst bei Schlechtwetter und hohem Seegang. Diese Schiffbautechnik hat sich für die Arbeitsschiffe auf der Nordsee in den letzten Jahren durchgesetzt.

Wer Zeit mitbringt, sollte übrigens auf alle Fälle auf der äußeren Mole des Vorhafens spazieren gehen – auf eigene Gefahr, versteht sich – und anschließend durch das Wellensturzbecken weiter zum so genannten Kringel an der Westseite gehen. An dieser Wetterseite in Klippennähe wird die Bedeutung von Küstenschutz erlebbar. Als Wellenbrecher schützen so genannte Tetrapoden das Land, vierfüßige Betonklötze, die ineinander verkeilt werden. Im Zuge einer Küstenschutzmaßnahme ist der vor kurzem durch den Bund wieder von Grund auf instand gesetzt worden. Achtung: Der Weg endet an einem Gittertor, an dem umgekehrt werden muss.

Immer lohnenswert ist ein Gang auf den Molen. Man ist nicht nur dem Meer ganz nah, sondern bekommt auch vor Augen geführt, welche Bedeutung der Wasserbau hat und welche Einflussnahme der Mensch genommen hat, um das Land zu schützen und sicheren Hafen zu bieten.

EINE SPRACHE FÜR SICH: HALUNDER

Es klingt wie ein seltsames Gemisch aus Dänisch, Plattdeutsch und Englisch, ist aber eine ganz eigene Sprache: Halunder, die Ursprache der Helgoländer. Helgoländisch ist ein friesischer Dialekt und hat seine Wurzeln im Nordsee-germanischen, das sich später in Englisch und Friesisch aufgespalten hat. Es wird zwar noch gesprochen, aber man hört es immer seltener.

Die Helgoländerin Mina Borchert, die sich Jahrzehnte für den lebendigen Erhalt des Halunder einsetzte, schrieb über ihre friesische Muttersprache: »Sie ist klar und hart wie unsere Klippe, und dennoch können wir alles, was uns bewegt, damit zum Ausdruck bringen, lachen, weinen und unsere Gedanken formen.« Die Existenz ist jedoch stark gefährdet: Auf Helgoland, oder iip Lun wie es auf Halunder heißt, bemüht man sich bereits seit den 70er Jahren verstärkt, die alte Sprache lebendig zu erhalten. Helgoländisch wird im Kindergarten, der Schule und Volkshochschule unterrichtet.

Halunder ist die lebendige Sprache der älteren Generation. Zwar lernen es auch die Inselkinder, aber sie pflegen es nicht im täglichen Umgang.

Dennoch: Alltagssprache auf der Insel ist es schon lange nicht mehr, es gibt nur noch wenige, die es fließend sprechen, und der demografische Wandel inklusive Bevölkerungsschwund macht dieser inseltypischen Besonderheit zusätzlich zu schaffen. Allerdings ist Helgoländisch neben Deutsch offizielle Amtssprache. Auch die Straßen- und Hinweisschilder sind zweisprachig, sodass jeder Besucher im Vorbeigehen erfährt, dass Toilette hier Skin heißt, Fallem der Falm ist und Hallem die Düne.

Seit 1985 unterrichtet Bettina Köhn die Sprache an der James-Krüss-Schule und bemüht sich damit, das Halunder so vor dem Aussterben zu bewahren. Während für die Grundschüler Friesisch auf dem Stundenplan steht, ist es für die Fünft- bis Zehntklässler auf AG-Basis freiwillig. »Ich lege mit dem Unterricht eine breite Basis«, hofft die Lehrerin, »und dass sich bei so vielen wie möglich das Sprachvermögen auch danach weiter entwickelt.« Doch sie weiß natürlich um die Schwierigkeit: um eine Sprache lebendig zu erhalten, muss sie regelmäßig gesprochen werden – auch außerhalb der Schule. Nur etwa eine Hand voll Kinder hört es heute noch in den Familien und wächst damit natürlich auf.

Dabei wurde Helgoländisch früher nur gesprochen und kaum geschrieben. Das hat sich geändert, es liegt sogar eine verbindliche Grammatik vor. Darüber hinaus erscheinen in der Rubrik »Halunder Spreek« in der Monatszeitschrift »Der Helgoländer« seit 1974 regelmäßig Erzählungen, Gedichte und Beiträge zur helgoländischen Sprache und Literatur, zusammengestellt vom im nordfriesischen Bredstedt lebenden Sprachwissenschaftler Professor Nils Århammar und seiner Frau Ritva.

Ein kleiner Exkurs von Mina Borchert in das Halunder:

De See, de Kläow,
deät Bopper- en deät Deerlelun,
Win, Wolken, Sen en Hallemsun,
deät aal, deät es ii Lun.

Die See, die Klippe,
das Ober- und das Unterland,
Wind, Wolken, Sonne und der Dünensand,
das alles, das ist unser Helgoland.

VON A BIS Z

SEHENS- UND WISSENSWERTES SOWIE KURIOSES VOM ROTEN STEIN

AFVGH

Ein Garant der guten Stimmung: Partys, Feten, Konzerte und Spaßveranstaltungen, dafür steht die AFVGH als Abkürzung für Allgemeine Feten-Veranstaltungsgesellschaft Helgoland e.V. Gegründet wurde der Verein von jungen Insulanern 1990, damals eher aus Verzweiflung, weil für jüngere Leute und den vielen jugendlichen Gästen kaum etwas geboten wurde. Da nahmen die Insulaner das Zepter selbst in die Hand, um Veranstaltungen nach ihrem Geschmack zu organisieren.

Zunächst seien sie belächelt worden, erinnern sich die Mitglieder, und ihnen wurde nur kurze Überlebensdauer zugetraut. Doch das ist alles Geschichte, längst können sie selbst darüber lachen, haben sie sich als Fetenspezialisten doch einen guten Namen erarbeitet. Ihre Veranstaltungen gehören zum Jahresprogramm und sorgen für Farbtupfer. Der Verein hat rund 150 Mitglieder. Sie setzen sich aus einer großen Anzahl von Förderern und einer kleineren Zahl Aktiver zusammen.

Für die Organisation von Großveranstaltungen wie Osterfeuer, Open-Air-Festivals, Ruderregatta oder die Silvesterfete legen sich die ehrenamtlichen Aktiven der AFVGH voll ins Zeug, damit es ja nicht langweilig wird. Der anerkannt gemeinnützige Verein darf übrigens keine Gewinne erzielen und so unterstützen die AFVGHler regelmäßig aus den Überschüssen die Jugendarbeit von örtlichen Vereinen und Verbänden.

Atoll

Am Ende der Landungsbrücke, wo traditionell das Kurhaus stand, sticht seit 1999 ein markanter moderner Bau mit futuristischem Glasturm sofort ins Auge. Von der übrigen Architektur unterscheidet sich das Hotel Atoll grundlegend. Arne Weber, ein Hamburger Bauunternehmer mit Helgoländer Wurzeln, ist Bauherr und Betreiber, mit dem Hotel schuf er eine Insel auf der Insel, die neue Gästeschichten anlockte.

Das Atoll ist ausgezeichnet mit Designpreisen und Empfehlungen als Tagungs- sowie Wellnesshotel. Für das avantgardistische Innenleben zeichnete die kanadische Stararchitektin Allison Brooks verantwortlich.

Es gilt international als innovativ und kreativ mit seinem eigenen Stilmix aus Formen, Farben und Materialien. Die Zimmer haben beispielsweise Betten mit hinterleuchteten Glaskopfenden, helles Ahornparkett und als Perle des Möbeldesigns wird die multifunktionale Wandeinheit bezeichnet. Sie besteht aus Fiberglas aus der Luftfahrttechnik und ist als selbsttragende Konsole zugleich Kleiderschrank, Minibar, Kofferablage, Tisch, Liege und Fernsehtisch. Wie eine gläserne Insel ist das Bad in den Wohnraum zwar integriert, lässt aber durch geschickte Anordnung dennoch Raum für Privatsphäre. Im Keller ist mit Schwimmbad, Sauna, Dampfbad und Ruheraum alles auf Wohlbefinden ausgerichtet, zudem gibt es eine eigene Wellnessabteilung. Das Hotel bietet Gästen exklusive Programme vom Kochkurs bis zum Knieperfang. *www.atoll.de*

Aquarium

Hier kann eingetaucht werden in die Tiefen der Nordsee. Das Aquarium der Biologischen Anstalt Helgoland (BAH) ist Schaufenster der Unterwasserwelt rund um den roten Felsen. Unter naturidentischen Bedingungen gehaltene Meerestiere und -pflanzen ermöglichen Einblicke in das vielfältige Leben unterm Meeresspiegel. Ein Farbspektakel; in der Tiefe geht es überraschend bunt zu. 19 Becken sind ihren Lebensräumen entsprechend eingerichtet. »Wir bieten ein Spiegelbild dessen, was sich draußen in der Natur befindet – und das unter naturidentischen Bedingungen« ist Devise des Schau-, Lehr- und Forschungsaquariums. Attraktion ist das Arenabecken mit dem über 45 Jahre alten Stör, Haien, Kabeljau und Plattfischen. Man kann original Helgoländer Hummer ebenso beobachten wie Katzenhaie und Seewölfe, Taschenkrebse, Seeigel und -sterne oder Blumentiere. Augenmerk wird aber auch auf neue Nordseebewohner wie Streifenbarbe, Wolfsbarsch oder Seepferdchen gerichtet.

Das Aquarium hat seit Beginn an nicht nur Schaucharakter, sondern ist eine naturnahe Experimentiereinrichtung mit Öffentlichkeitswirkung. Es ist zugleich Lehr- und Forschungsstätte. Können Fische sprechen? Darum geht es beispielsweise im Forschungsvorhaben über das Kommunikationsverhalten von Knurrhähnen.

Austern

Kein Seemannsgarn: Es gibt wirklich Austern in den Gewässer rund Helgoland. Allerdings solche, die eigentlich gar nicht hierher gehören, sondern zwischen Japan und

Hier dürfen die Augen richtig eintauchen:
Das Aquarium der Biologischen Anstalt Helgoland
des AWI bietet seinen Besuchern interessante
Einblicke in die reichhaltige Unterwasserwelt der
Nordsee rund um Helgoland.

INSULANERTIPP

Was macht das Aquarium so besonders?

Aquariums-Leiter Dr. Emanuel Hensel: »Aqua-
rien eröffnen Menschen die Möglichkeit, Lebensräume zu erfahren, zu denen sie sonst keinen
Zugang hätten.«

Korea ihre natürliche Heimat haben. Die Nordpazifische Felsen-Auster hat sich aber
im nordeuropäischen Exil mittlerweile heimisch eingerichtet.

Zwar gab es in früheren Zeiten bis zu Beginn des vorigen Jahrhunderts hinter der
Düne tatsächlich eine Austernbank. Doch das einzige, was davon heute noch Zeugnis
gibt, sind ihre glatten und rundlichen Schalen, die am Strand zu finden sind. Ostrea
edulis, die Nordsee-Auster, gilt bereits seit 1950 ausgestorben, auch wenn es in der
Nordsee noch einzelne Exemplare gibt.

Bereits um 1920 waren sie schon durch massive Überfischung so selten geworden, dass ihr
Fang eingestellt wurde. Allerdings ist jetzt die andere Art immer mehr auf dem Vormarsch.

Wie schon der Name sagt, gehört die Pazifische Auster eigentlich in wärmere Gefilde. Doch Crassostrea gigas hat sich in der Nordsee gut akklimatisiert. Die Nordpazifische Felsen-Auster wird seit Jahrzehnten im Watt zwischen Holland und Sylt gezüchtet und von den kommerziellen Muschelbänken ausgebüxte Tiere fühlen sich – wie an der gesamten Nordseeküste – auch um Helgoland herum mittlerweile ziemlich wohl. Ihre Schalen sind übrigens nicht glatt und rund, sondern scharfzackig.

Und wer auf Austernschlürfen steht: Vermarktet werden sie unter dem Namen Sylter Royal, aber manchmal steht die delikate Asiatin auch einfach als Nordsee-Auster auf der Karte. Das Fleisch schmeckt übrigens ausgezeichnet nach Meer und mehr …

Brauchtum

Eines sollte der Gast vom Festland tunlichst vermeiden. Übermäßiges Händeschütteln ist hier verpönt, höchstens bei der ersten Begrüßung mit dem Festlandsgast lassen sich Insulaner dazu hinreißen. Das hat ganz praktische Gründe, denn auf so einem kleinen Fleckchen Erde kann man sich schließlich mehrmals täglich über den Weg laufen. Auf Helgoländer Art begrüßt man sich am besten mit einem fröhlich zugerufenen »Hallo!« im Vorbeigehen. Nur einmal im Jahr, und zwar gleich zu Beginn, geben sich Helgoländer die Hand.

Gute Sitte ist nämlich der Wünschertag im neuen Jahr. Wenskedai heißt er auf Helgoländisch. Die Kinder ziehen morgens zu Verwandten und Bekannten los, wünschen ein fröhliches neues Jahr und erhalten dafür Taschengeldaufbesserung. Am 1. Januar ist auch die männliche Bevölkerung in gleicher Mission unterwegs. Die Inselfrauen sind in ihren Wohnstuben für den Wünscherbesuch gut gerüstet. Nachdem sie ihren helgoländischen Spruch mit den guten Jahreswünschen aufgesagt haben, erhalten die Männer von der Dame des Hauses einen ordentlichen Schluck Sherry oder Portwein eingeschenkt und oft auch einen Snack, als gute Grundlage, um die weiteren kräftezehrenden Stationen gut zu überstehen. Weil die Frauen an diesem Tag ans Haus gebunden sind, gehen sie an den darauffolgenden Tagen los, um ihre Neujahrswünsche persönlich zu überbringen.

Eine weitere alte Sitte, die sich in die heutige Zeit überliefert hat, ist das Wassertragen bei Taufen. Kinder, oft in Tracht, begleiten die Taufgesellschaft vom Weg zum Haus in die Kirche. Sie tragen in kleinen Silberbechern das Wasser und füllen es in der St.-Nicolai-Kirche in die kostbare Taufschale. Während das Kind getauft wird, machen sich die Wassertragekinder von der Kirche auf den Weg zurück zum Haus des Täuflings und erhalten dort als Dankeschön süßen Kinderwein und Butterkuchen.

Steht eine Hochzeit an, hissen männliche Insulaner in der Nacht zuvor um das Wohnhaus jede Menge bunte Flaggen, die zeigen, wo es was zu feiern gibt.

Umlaufen ist eine alte Tradition am Vorabend des Nikolaus. Dabei kommen die Lütten ganz groß heraus. Die Inselkinder verkleiden sich und ziehen am 5. Dezember bei Einbruch der Dunkelheit los, singen das Nikolauslied in den Geschäften und bei Freunden und Bekannten und sacken als Dank jede Menge Süßigkeiten ein.

Börte

Die hochseetauglichen Börteboote können einen Schlag Salzwasser vertragen. Sie sind aus massiver Eiche gebaut, rund 10,00 Meter lang, 3,00 Meter breit und wiegen acht Tonnen. In ihrer Bauweise sind sie ebenso robust wie einzigartig. Nicht nur als Personentransportmittel beim Aus- und Einbooten leisten sie wertvolle Dienste, sondern auch bei der Fischerei. An Bord sind richtige Seebären, rau im Ton, aber im Grunde genommen herzlich. Passagiere sollten ihre deutlichen Worte übrigens nicht in den Wind schießen und am besten keine Diskussionen anzetteln, denn die manchmal im knappen Befehlston geäußerten Anweisungen haben ihren Sinn und schützen auf offenem Meer vor Unfällen. Die schweren Börteboote mit ihren erfahrenen Besatzungen gelten als sicherstes Verkehrsmittel Deutschlands. Das Ausbooten ist einmalig und erklärt sich aus der Geschichte, denn Helgoland hatte bis kurz vor dem Ersten Weltkrieg keinen Hafen und so war es Sache der Inselfischer die Badegäste von den ankernden Schiffen trockenen Fußes zur Insel zu bringen.

Einen Passagiertransport der besonderen Art bieten die inseltypischen, robusten Börteboote, die während der Saison für das Ein- und Ausbooten zuständig sind.

Die Helgoländer Börte hat ihren Ursprung in der Zeit der Seebadgründung 1826. Denn bald darauf steuerten Schiffe aus Hamburg das junge Seebad an, es gab aber weder Anlegestellen noch einen Hafen. So kamen die Helgoländer Fischer ins Spiel, um die Sommerfrischler an Land zu bringen. Zuerst gab es noch keine Landungsbrücke. Stegleute trugen die Gäste huckepack durchs Wasser an Land. Schnell nach Seebadgründung gab es die Regelung, dass nur die Helgoländer mit ihren Booten das Anlanden vornehmen durften.

Die Börte war geboren. Zuerst waren es noch mit Segeln ausgestattete Ruderboote, die eingesetzt wurden.

Auch nachdem vornehmlich aus militärischen Gründen der Hafenbau vorangetrieben wurde, blieb die Börte bestehen, die seitdem schnell, sicher und leistungsfähig die Passagiere anlandet.

Aber die Zahl der Börteboote ist rückläufig, weggefallene Schiffskapazitäten und damit weniger Passagiere haben bei der kleinen weißen Flotte deutliche Spuren hinterlassen. Viele Börteboote sind unwiederbringlich zum Festland gegangen. Nur noch maximal zehn dieser inseltypischen Boote kommen bei der Inselbörte noch zum Einsatz.

Bücherei

Es dürfte die Bücherei und Lesehalle mit dem schönsten Blick sein. Direkt am Nordost-hafen, schräg gegenüber des Aquariums gelegen, mit Blick übers Meer auf die Düne, ist sie ein hervorragender Ort für Leseratten und die, die es noch werden wollen. 8.500 Medien hat die Helgoländer Bücherei, davon allein 40 Prozent für Kinder und Jugendliche. Neben Büchern, Zeitungen, Zeitschriften und Spielen gibt es hier auch CDs, DVDs oder Computerspiele. James-Krüss- und Helgoland-Bücher finden sich hier in großer Auswahl. Eine Mitgliedschaft – auch zeitlich begrenzt – in der gemeindlichen Einrichtung ist für große und kleine Urlauber durchaus lohnenswert. Nicht nur, dass hier nach Herzenslust gelesen und geblättert werden kann, es gibt auch regelmäßige Veranstaltungen.

Der Denkmalschutz hat auch bei diesem Ensemble an der Promenade am Südstrand erhebliches Mitspracherecht bei Um- und Ausbauten.

Denkmalschutz

Freude haben die Helgoländer mit ihrem schlichten weiß geklinkerten Rathaus am Lung Wai wenige Schritte von der Landungsbrücke entfernt schon lange nicht mehr und fassten eigentlich eine Gebäudehüllensanierung ins Auge, um den Bau, der nicht nur Verwaltungssitz ist, sondern auch die Tourismuszentrale beherbergt, klimatechnisch in die neue Zeit zu führen. Ohne Erfolg, denn lediglich für eine Innensanierung, nicht aber für Arbeiten an der Fassade, gab der Denkmalschutz grünes Licht. Der Denkmalschutz hat auf Helgoland eben erheblichen Einfluss, davon kann nicht nur die Verwaltung ein Lied singen, sondern auch Hausbesitzer selbst, die gern Veränderungen vornehmen würden, aber dies nur eingeschränkt dürfen. Aber warum eigentlich? Helgoland musste nicht nur die Last des Krieges durch Komplettzerstörung und enorme Wiederaufbauleistung tragen, sondern mehr als ein halbes Jahrhundert später hat der Denkmalschutz Mitspracherecht. Er sieht nämlich in der Bebauung Helgolands einen erhaltenswerten Schatz als die einzige Siedlung, die nach dem Zweiten Weltkrieg aus kompletter Zerstörung nach einem groß angelegten Architekturwettbewerb entstanden ist. Aus ihrer Sicht ist diese Ortsbebauung ein einzigartiges Ensemble 50er-Jahre-Baukunst. Und so wurden viele Häuser unter Schutz gestellt und gleichgestellt mit Gebäuden aus dem Mittelalter. Für die Kommune wie private Hausbesitzer bedeutet dies, in einem Architekturmuseum leben zu müssen – mit jeder Menge Einschränkungen bei baulichen Veränderungen, selbst die Farbpalette ist vorgegeben.

Erdbebenwarte

Einen ersten Seismografen gab es bereits 1903. Und auch nach dem Krieg diente die Insel als Aufzeichnungsstätte für Erdbeben. Die Erdbebenwarte mit ihren seismografischen Messinstrumenten ist seit 1956 in einem Kellerbereich untergebracht. Betrieben werden die Aufzeichnungsinstrumente vom Institut für Geophysik der Universität Kiel. Die Station kann nicht nur seismische Ereignisse in der Deutschen Bucht und im Nordseeraum registrieren, sondern ist in der Lage, Erdbeben aus allen Teilen der Erde zu dokumentieren. Wenn also irgendwo die Erde bebt und fürchterliches Unheil anrichtet, wird dies hier aufgezeichnet. Für die Öffentlichkeit ist die Erdbebenwarte nicht geöffnet.

Fahrstuhl

Wem das Treppensteigen zu beschwerlich ist, die Treppe führt vom Unterland ins Oberland, kann den Fahrstuhl nutzen und gelangt so bequem durch den Felsen nach oben. Der Lift ist zwar Verkehrsmittel, wird aber von der Lift-Betrieb Helgoland GmbH & Co. KG betrieben. Wie ein Bus oder Bahn auf dem Festland ist er daher nicht kostenfrei. Wer länger verweilt, sollte sich überlegen, ein Mehrfachticket zu kaufen, damit wird die Einzelfahrt günstiger.

Feiertage

Offizieller Feiertag der Insel ist der 1.März. Hier wird der Freigabe der Insel nach dem Krieg am 1. März 1952 gedacht. Eingeläutet wird die Feier mit einem Mitternachtsgottesdienst in St. Nicolai. Am Abend des 1. März findet in der Nordseehalle eine bunte Feier statt, die von Inselvereinen ausgerichtet wird und auf der sich Musik- und Tanzgruppen Helgolands präsentieren.

Dem stillen Gedenken gewidmet ist der 18. April, der Tag, der 1945 und 1947 für Zerstörung sorgte. Es wird hier aber keinesfalls im Zorn zurückgeblickt, sondern dieser Tag wird vielmehr als Mahnung dafür verstanden, welche Auswüchse Kriege haben, und stellt heraus, wie wichtig ein Leben in Frieden und Freiheit ist.

Tag des Seebäderdienstes ist der 12. Juli. An diesem Tag setzte 1952 der regelmäßige Schiffsverkehr zwischen Küste und Insel wieder ein. Ein wichtiger Tag für die touristische Entwicklung der Insel, denn Touristen bilden damals wie heute die wirtschaftliche Basis. Traditionell werden Reeder und Kapitäne sowie die Vertreter der Fluglinien gemeinsam mit den Helgoländer Behörden-, Vereins- und Verbandsvertretern von Bürgermeister und Gemeinderat ins Rathaus zu einem Empfang geladen.

An den 10. August 1890, dem Tag, als Helgoland an Deutschland übergeben wurde, erinnert lediglich ein Brauch: Die Börte veranstaltet dann traditionell die Börteboot-

Der Helgoländer Felssockel schreibt Rekorde: Er ist das größte Naturschutzgebiet Schleswig-Holsteins.

regatta, es ist ein spritziges Vergnügen, dann zeigen die offenen Eichenboote, wieviel Kraft unter ihrer Motorhaube steckt.

Felssockel

Das Naturschutzgebiet Helgoländer Felssockel ist mit seiner Fläche von 5.138 Hektar das größte in Schleswig-Holstein. Wenn es bei Ebbe trockenfällt, wird sein Ausmaß sichtbar. Das Felswatt ist außergewöhnlicher Lebensraum für viele Meeresbewohner, hier findet sich eine große Artenvielfalt an Tang und Algen, wirbellosen Tieren, Krebsen, Fischen und Vögeln.

Feuerstein

Feuerstein ist ein Rohstoff, der bereits in früher Menschheitsgeschichte für die Herstellung widerstandsfähiger Pfeilspitzen, Klingen und Dolche eine große Rolle gespielt hat. Noch bevor Bronze und Eisen als Werkstoffe zur Verfügung standen, fertigten unsere Vorfahren der Steinzeit aus dem harten Feuerstein – auch Flint genannt – ihre Werkzeuge. Eine Besonderheit unter den Feuersteinen ist der Helgoländer Flint, ihn gibt es weltweit nur bei der Düne. Diese in der Kreidezeit entstandenen Feuersteinknollen besitzen meist um ihren rötlichen Kern einen schwarzen Hof, der außen von einer weißen Runde umschlossen wird. Es gibt jedoch auch eine durchgängig rote Variante.

In der Jungsteinzeit bis hinein in die späte Bronzezeit wurde mit dem markanten Roten Flint schwunghafter Handel betrieben, dies belegen 45 Funde aus Norddeutschland

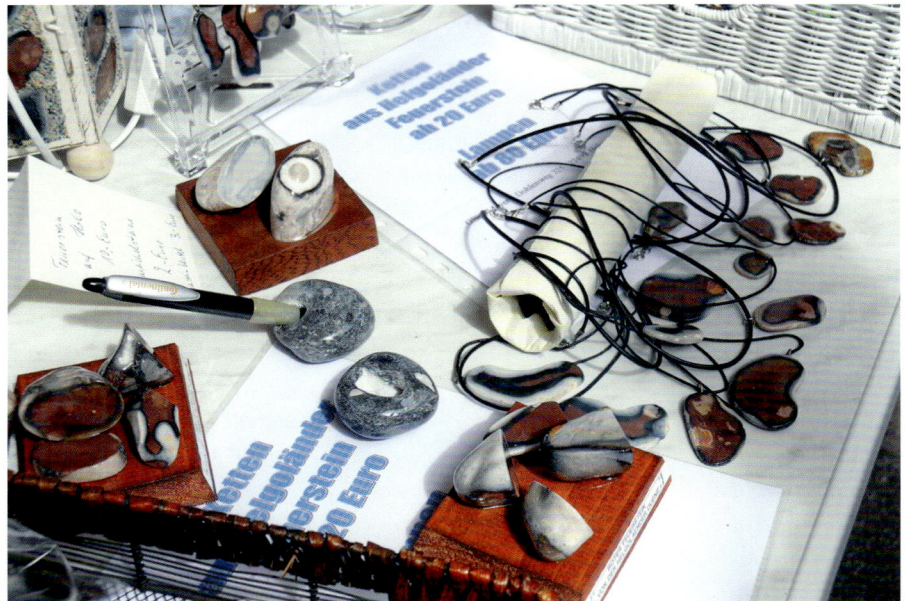

Der nur hier vorkommende Rote Flint wird zu aparten Schmucksteinen gearbeitet, die als Helgoländer Achat im Handel erhältlich sind.

und den Niederlanden. Der weiteste Fund – eine Sichel aus der Jungbronzezeit – stammt aus der südniedersächsischen Stadt Einbeck.

Während des 19. Jahrhunderts kam der Feuerstein auf andere Weise groß heraus. Er wurde zu Schmuck verarbeitet und unter der Bezeichnung Helgoländer Achat vermarktet. Diese Tradition lebt seit einiger Zeit auf Helgoland wieder auf. Geschnitten, auf Hochglanz poliert, sodass die Farben ihre wahre Leuchtkraft zeigen können, und in Silber eingefasst kommt der 80 Millionen Jahre alte Rote Flint eindrucksvoll zur Geltung. Diese Schmuckstücke prähistorischer Natur in modernem Design werden beispielsweise in der Hummerbude 31 angeboten.

Feuerwehr

Sie ist ein Garant der Sicherheit: Bereits seit 1893 stellt die Freiwillige Feuerwehr den Brandschutz auf der Insel und der Düne sicher. Im aktiven Dienst sind heute rund 45 Feuerwehrleute. Die Inselwehr verfügt über zwei Gebäude, das 1964 auf dem Oberland errichtete Gerätehaus sowie das neuere Feuerwehrgerätehaus am Hafen. Das Aufgabenspektrum und die Verantwortung sind groß; anders als auf dem Festland können die Blauröcke im Ernstfall nicht einfach so Verstärkung von Nachbarwehren anfordern. Zu ihrem normalen Brandschutz, der aufgrund der Infrastruktur vergleichbar mit einer Kleinstadt ist, kommen noch Sonderaufgaben wie Bergrettung, Brandbekämpfung auf See, die Zusammenarbeit mit der Deutschen Gesellschaft zur Rettung Schiffbrüchiger sowie Maßnahmen gegen Umweltverschmutzungen auf der Insel und Düne.

Fracht

Sämtliche Waren, die es in den Geschäften auf der Insel zu kaufen gibt, müssen übers Wasser hergebracht werden. Ob Frischwaren für die Lebensmittelläden oder Angebote für den Duty-free-Verkauf – jede Tüte Milch, jede Literflasche Maltwhisky wird angeliefert. So gesehen sind Frachttransporte der tatsächliche Lebensnerv der Insel. Ohne regelmäßigen Frachtverkehr zur Ver- und auch Entsorgung wäre das gesamte Leben fernab der Küste lahm gelegt. Cuxhaven ist Hauptumschlagsplatz der Helgoland-Waren, hier werden die Frachtschiffe regelmäßig beladen.

Geocaching

Immer mehr Technikfreaks und Naturliebhaber gehen mit einem Navigationsgerät auf Schnitzeljagd. Auch auf Helgoland werden diese Schatzsucher der Moderne fündig. Auf dem von ihm ins Netz gesetzten »Helgoländer Micro Pilgerpfad« führt beispielsweise der Pastor Mathias Dettmar unter seinem Cachernamen »Aestiva« zu zehn Orten biblischen Bezugs. Sein erklärtes Ziel: »Damit möchte ich Gott und die Welt einander näher bringen.«

Per Internet finden Geocacher Versteckhinweise, die sie dann vor Ort mit ihrem Navigationsgerät aufspüren. Auf Helgoland gibt es über zehn solcher Geocaches, das sind kleine Dosen und Schachteln mit Krimskrams. Nur wer gezielt sucht und die richtigen Koordinaten hat, findet sie.

Im Gegensatz zur herkömmlichen Schatzsuche wird der entdeckte Cache jedoch nicht mit nach Hause genommen. Stattdessen trägt sich jeder Entdecker in das Logbuch ein und versteckt den Schatz anschließend wieder an der Stelle, wo er gefunden wurde. Auf den Webseiten wird jeder Fund protokolliert.

Geotop

Helgoland ist eines von 77 der »bedeutendsten Geotope Deutschlands«. Dieses Prädikat erhielt die Insel von der Akademie der Geowissenschaften in Hannover. Geotope sind erdgeschichtliche Bildungen, die Erkenntnisse über die Entwicklung der Erde oder des Lebens vermitteln. Sie umfassen Aufschlüsse von Gesteinen, Böden, Mineralien und Fossilien sowie einzelne Naturschöpfungen und natürliche Landschaftsteile. Sie werden als Dokumente der Erd- und Lebensgeschichte verstanden und stellen daher einen besonderen Wert dar.

Gepäckdienst

Eine Dienstleistung, die auf dem Festland nahezu ausgestorben ist, hat sich auf Helgoland gehalten: Es gibt hier einen Gepäckdienst. Bequemer geht es eigentlich nicht, da braucht kein schwerer Koffer zum Hotel geschleppt zu werden, sondern wird per Elektrokarre angeliefert und abgeholt.

Heiraten

Als Hochzeitsdestination erfreut sich die Insel weiterhin bester Beliebtheit. Wer in den Hafen der Ehe einlaufen möchte, kann dies hier nämlich durchaus wörtlich nehmen

Hier kann man buchstäblich in den Ehehafen einlaufen. In den Hummerbuden des Museumsvereins mit viel maritimem Flair ist auch das stilvolle Standesamt untergebracht. Es ist ein beliebter Ort, sich das Ja-Wort zu geben.

und in maritimer Umgebung direkt am Hafen erleben. Der Museums-Förderverein stellt dazu seine beiden Hummerbuden dem Standesamt der Gemeinde zur Verfügung. Mit großem Erfolg, am Hafen wurden schon hunderte Ehen geschmiedet. Wo früher Fischer Netze und Hummerkörbe ausgebessert und gelagert haben, traut die Standesbeamtin in schönem Ambiente die Paare. Es gibt sogar ein besonderes Hochzeitsarrangement der Tourismuszentrale.

Hummerbuden

Ursprünglich sind diese hübschen Holzbuden im skandinavischen Stil am Binnenhafen Werkstätten der Fischer, die hier Hummerkörbe, Netze und Tauwerk lagern. Vor einigen Jahren ist jedoch die touristische Nutzung unter dem Motto Kunst – Kultur – Knieper dazugekommen. So gibt es jetzt Kunstpräsentationen, unsere Fotografin Lilo Tadday hat hier ihre Fotogalerie, der Verein Jordsand und der Museumsverein unterhalten Informationsräume. Darüber hinaus gibt es Gastronomie mit Inselspezialitäten und Souvenir- und Kunstgewerbeläden, die zum Stöbern einladen und so manches schöne Mitbringsel präsentieren. Die Flaniermeile am Hafen mit ihrer bunten Ausrichtung hat sich zu einem beliebten Treffpunkt entwickelt.

Budenzauber auf helgoländische Art: Die Fischer-Werkstätten sind auch Schaufenster der Kunst, Kultur und Natur.

Hunde

Wer bei seiner Reise nach Helgoland seinen Hund mitnimmt, sollte beachten, dass es einen allgemeinen Leinenzwang gibt. Frei laufen dürfen Hunde im Kringel, dem davon südlich gelegenen Hafengelände, und auf der Freifläche im Mittelland. Vom 1. November bis 1. März ist auch der Nordoststrand von der Leinenpflicht ausgenommen.

Grundsätzlich nicht gestattet sind Hunde am Südstrand – zwischen Landungsbrücke und Zollmole – und auf der gesamten Düne (lediglich Flugpassagiere dürfen die Tiere angeleint auf dem kürzesten Weg zwischen Anleger und Flugplatz führen).

Inselbahn

Wer die Sehenswürdigkeiten nicht zu Fuß entdecken möchte oder kann, sollte den Service der Inselbahn nutzen. Das elektrisch betriebene Gefährt startet in der Saison täglich ab Landungsbrücke vor dem Hoffmann-von Fallersleben-Denkmal.

Jugendherberge

Mit 4.500 Gästen im Jahr ist die Jugendherberge direkt am naturbelassenen Nordstrand auf dem Nordostgelände ein wichtiger Gästebringer. 2009/2010 wurde das Haus der Jugend vom Keller bis zum Dach rundum saniert und modernisiert. Es ist

ganzjährig geöffnet und bietet Möglichkeiten für Klassenfahrten, Freizeiten, Jugendbildungsreisen, Seminare und Familienurlaub.

Insgesamt verfügt es über 145 Betten vom Ein- bis zum Sechsbettzimmer. Im integrierten Atrium haben alle Ein- bis Vierbettzimmer eine eigene Nasszelle und WC.

Adresse: Jugendherberge »Haus der Jugend«, Postfach 580, 27487 Helgoland,
Telefon: 04725/341 · Internet: www.shgej.de

Karkfinken

Die Karkfinken sind Helgolands singende Botschafter. Der beliebte Shantychor wurde bereits 1949 im Exil in Rellingen (Schleswig-Holstein) gegründet. Die Sänger haben sowohl klassische Shantys und Seemannslieder auf Deutsch, Plattdeutsch und Englisch im Repertoire, begeistern ihr Publikum aber auch durch eigene Songs auch in helgoländischer Sprache, wobei sie einen nicht kleinen Beitrag zum Erhalt des Halunders leisten.

Kirchen

Ihren Namen erhielt die evangelisch-lutherische St.-Nicolai-Kirche vom heiligen Nikolaus, Schutzpatron der Seefahrer und Kaufleute. Markantes Zeichen ist der Glockenturm, auf dessen Spitze eine Schaluppe zeigt, woher der Wind weht. Rund um die Kirche befindet sich der Friedhof der Gemeinde. Die alte Backsteinkirche von 1685 wurde am 18. April 1945 durch Bomben zerstört, der 1959 eingeweihte Neubau hielt dem Klima nicht lange stand und wurde 1969 durch einen Neubau ersetzt. Ein Besuch lohnt sich. Die Hallenkirche hat eine helle, freundliche Holzausstattung, Modellschiffe

Der hölzerne Innenraum von St. Nicolai …   … und seine Kirchturm-Krönung.

machen dem Namen der Seefahrerkirche Ehre. Das wuchtige Bronzeportal und der Taufkessel wurden von dem Hamburger Bildhauer Fritz Fleer geschaffen. Richtiger Hingucker ist ein riesiger doppelringförmiger Leuchter über dem Altarbereich, der das himmlische Jerusalem symbolisiert. Auf der Empore steht die große Orgel des Instrumentenbauers Führer aus dem Jahre 1970. Im 1959 eingeweihten Glockenturm gibt es fünf Bronzeglocken sowie eine Stahlglocke, die 1952 zur Wiederbesiedlung der Insel gestiftet wurde. Diese Helgolandglocke erklingt jedes Jahr zum 1. März beim Mitternachtsgottesdienst.

Die Kirchengemeinde veranstaltet Gottesdienste (sonntags 10 Uhr), Feste und Konzerte und bietet ein Extra-Sommerprogramm.

Kirchengemeinde, Telefon: 0 47 25/64 09 36 · www.kirche-helgoland.de

St. Michael: Die erste römisch-katholische Kirche St. Michael wurde im Juli 1971 eingeweiht. Sie liegt auf dem Oberland in der Mitte des südlichen Ortsrandes. Heilige Messe ist jeweils sonntags um 10.00 Uhr sowie mittwochs und freitags 18.00 Uhr.

Kleingartenkolonie

Zugegeben, die 85 Gärten am Klippenrand haben für Festlandsverhältnisse Miniformat und machen dem Namen Kleingartenkolonie alle Ehre. Aber die stolzen Inselkleingärtner nennen ihr Stückchen Land selbstbewusst Acker. Hier blühen nicht nur Rosen, sondern auch Kartoffeln, Kohl oder Himbeeren werden für den Eigenbedarf gezogen. Selbst Wein gedeiht mitten im milden Hochseeklima.

Gartenarbeit hat auf dem Felsen Tradition. Erste Hinweise über Gras- und Ackerland gab es bereits im 17. Jahrhundert. Die Äcker wurden meist mit Kartoffeln und Kohl bepflanzt, hier wurde der Wintervorrat produziert. Kaum vorstellbar: Selbst Getreide wie Roggen und Weizen wurden angebaut, um 1697 gab es sogar eine Mühle. Als Helgoland im und nach dem Zweiten Weltkrieg zerstört wurde, blieb auch von den Äckern nur eine

Kleingarten darf hier wörtlich genommen werden.

Urpflanze Klippenkohl.

Kraterlandschaft zurück. Nachdem die Aufräumarbeiten beendet waren, wurden auch die ersten Kleingärten wieder angelegt. Buchstäbliche Knüppelarbeit war die Urbarmachung. Jeder Spatenstich stieß auf Stein und Schutt oder metallene Bombensplitter. Die ersten Gärten entstanden unterhalb des Fanggartens der Vogelwarte. Bald wurden sie zur üppigen Oase, die immer wieder Inselbesucher staunen lassen, was im Nordseeklima so alles blüht, wächst und gedeiht. Der über 40 Jahre alte Kleingartenverein zählt heute knapp 100 Mitglieder. Schauen Sie ihnen beim Spaziergang um die Klippe doch einfach mal über den Zaun.

Klippenkohl

Nur Helgoland ist in ganz Deutschland die Heimat des Stammvaters aller Kohlsorten: Rot-, Weiß- und Spitzkohl, Wirsing, Grün-, Rosen- und Blumenkohl, selbst Brokkoli und Kohl-

Ganz oben auf den Westklippen kommt das Inselgefühl so richtig zu
Bewusstsein: Kein Land in Sicht so weit das Auge reicht.

rabi stammen von dieser Urpflanze ab, die Klippenkohl genannt wird, weil sie auch an den Hängen der Felsen wächst. Der Urkohl gedeiht hier einfach überall. Im Frühsommer zeigt Brassica oleracea L. sein schönstes Gesicht, dann entfaltet der Kreuzblütler seine leuchtend gelben Blätter. Ansonsten sieht die Pflanze eher unscheinbar aus mit ihren großen graugrünen Kohlblättern und ihrem Strunk. Der Klippenkohl ist zwar genießbar, es empfiehlt sich aber doch, besser seine kultivierten Kohlverwandten in die Töpfe wandern zu lassen. Pollenallergiker brauchen übrigens vor dieser Kohlpflanze nicht die Nase zu rümpfen, die gelben Blüten sind für sie unbedenklich.

Klippenrandweg

Ein absolutes Muss auch für Tagesgäste ist der etwa drei Kilometer lange Klippenrandweg – einmal oben um den Felsen herum. Näher kann man dem Himmel kaum sein. Da kommt das ungefilterte Inselgefühl zum Tragen. Um den Spaziergang oben am Felsrand entlang so richtig genießen zu können, sollte etwa eine gute Stunde eingeplant werden.

Der mit einer Mauer gesicherte Falm bietet einen guten Logenplatz mit Weitsicht über das Unterland und die Reede.

Wer nach dem Treppensteigen oder der Fahrstuhlfahrt im Oberland angelangt ist, sollte erst einmal innehalten und den Blick über die Dächer des Unterlandes auf die Häfen und die Reede sowie die Düne genießen. Dann macht man sich am besten nach links auf den Rundweg. Zunächst führt es am Falm an Geschäften, Hotels und Restaurants entlang, am Ende der kleinen Flaniermeile zeigt sich unten das Mittelland mit dem Krankenhaus. Diese dritte Ebene ist durch Sprengungen im Krieg entstanden, hier befand sich früher die Südspitze. Jetzt wird der Weg schmaler, kurvenreich und immer schöner. Man wandert der Langen Anna entgegen. Von hier aus bieten sich spektakuläre Ausblicke auf die Weite des Meeres wie auf die einzigartige Seevogelwelt an den zerklüfteten Vogelklippen Richtung Nordspitze mit vorgelagerter Langer Anna, wohin der Weg allerdings schon seit Jahren wegen Einsturzgefahr nicht mehr führen kann. Ein paar Schritte weiter und schon zeigt sich unter einem das Nordostland mit urwüchsigem Nordstrand, Fußballkunstrasenplatz und Jugendherberge. Es geht entlang an der gepflegten Kleingartenkolonie in den Ort zurück oder man nutzt die schmale Treppe hinunter zum Strand.

Krankenhaus

Das Inselkrankenhaus gehört zur Paracelus-Klinikgruppe mit Sitz in Kassel. In erster Linie werden Parkinsonpatienten behandelt. Hier wird aber auch die medizinische Notversorgung der Bevölkerung und Besucher sichergestellt. Sie ist Bestandteil der Krankenhausplanung in Schleswig-Holstein.

Die Paracelsus-Nordseeklinik hat für Patienten mit neurologischen Bewegungsstörungen 33 und für Patienten mit anderen Erkrankungen zehn Betten.

Die neurologische Spezialabteilung für Parkinsonkranke ist wichtiger Bestandteil der Paracelsus-Nordseeklinik. Die medikamentöse Einstellung ihrer Patienten wird dabei als Hauptaufgabe verstanden, ergänzend dazu werden Begleittherapien und alternative Behandlungsmethoden angeboten.

Die Klinik leistet als Akutkrankenhaus Hilfe in den Bereichen der inneren Medizin, der Chirurgie sowie der Unfallchirurgie. Eine Geburtsabteilung gibt es seit einigen Jahren hier allerdings nicht mehr, sodass Schwangere rechtzeitig zum Entbindungstermin aufs Festland müssen und der Geburtsort Helgoland im Pass nur noch äußerst selten eingetragen werden kann. Fachärzte wie Kinder- oder Augenarzt kommen vom Festland zu Sprechstunden auf die Insel. Die medizinische Grundversorgung von Bevölkerung und Urlaubern ist durch niedergelassene Ärzte und einen Zahnarzt sichergestellt.

Kurtaxe

Wer zwischen dem 1. April und 31. Oktober Urlaub macht, muss Kurtaxe entrichten. Für Erwachsene fallen 2,75 Euro pro Tag an, Kinder und Jugendliche bis zur Vollendung des 18. Lebensjahres sowie Schwerbehinderte ab 70 Prozent sind von der Kurabgabe befreit.

Lung Wai

Der Lung Wai, also der lange Weg, ist die Straße, die von der Landungsbrücke vorbei an Hotel Atoll und Rathaus durch das Unterland zur Treppe und zum Fahrstuhl führt. Zahlreiche Läden, Restaurants, Imbisse säumen Helgolands Haupteinkaufsstraße für Touristen.

Maulbeerbaum

Eines der seltenen Relikte des Vorkriegs-Helgolands ist der alte, knorrige Maulbeerbaum unterhalb der St.-Nicolai-Kirche. Er wird das Wunder von Helgoland genannt und ist der Bevölkerung lieber Freund, nicht nur wegen seiner süßen Früchte im frühen Herbst.

Sein genaues Pflanzdatum lässt sich nicht mehr genau feststellen, es ist um die 200 Jahre her, dass im geschützten Pastoratsgarten der Maulbeerbaum gepflanzt wurde. Er schlug tatsächlich Wurzeln, obwohl er eigentlich mildes Mittelmeerklima bevorzugt. Der österreichische Adlige und Lyriker Alexander Graf von Auersperg, bekannt unter dem Künstlernamen Anastasias Grün, widmete dem Gewächs sogar einen Abschnitt in seinem um 1848 verfassten Sonett »Aus Helgoland« ein paar Zeilen: »Im Pred'gergarten prunkt ein grün Geschmeide, der Maulbeerbaum, mit so laubvoller Krone.« Viele Paare sind unter den Ästen dieses Baumes ins Pastorat gegangen. Als Helgoland um 1900 wegen der vereinfachten Gesetze Heiratsinsel war, wurden täglich bis zu sechs Paare ganz unbürokratisch dort vom Pastor getraut. Richtig Berühmtheit als »Wunder von Helgoland« erlangte der Maulbeerbaum aufgrund seiner besonderen Lebenskraft.

Nach den Kriegsangriffen und Bombardements blieb von dem Maulbeerbaum nur noch ein kläglicher Stumpf übrig. Als im Frühsommer 1951 Helgoländer im Dienst der Biologischen Anstalt ein Wochenende auf der noch nicht freigegebenen Insel verbringen durften, entdeckten sie inmitten des Schutts und der Trümmer den Baumstumpf, sie gruben ihn in eine kleine Mulde und wässerten die kläglichen Reste des einst stattlichen Baumes. Als die Bevölkerung 1952 auf ihre Insel zurückkehrte, sah sie voller Freude, dass der 150 Jahre alte Baum, den sie noch aus Pastors Garten kannten, tatsächlich wieder frische Triebe entwickelte und in den Folgejahren wieder zu neuen Kräften fand. Und es gibt sogar ein helgoländisches Lied über ihn, das der Kirchenchor St. Nicolai gern singt.

Marathon

Der Helgoland-Marathon gilt selbst bei ausgewiesenen Sportskanonen als besondere Herausforderung und hat mittlerweile Kultstatus erlangt. Erstmals 1998 ausgetragen, wurde diese Veranstaltung schnell zu einer festen Größe. Sie findet jedes Jahr an einem Sonnabend Anfang Mai statt. Schon zu Beginn prägte Bürgermeister Frank Botter seinerzeit den Spruch: »Einen Marathon auf Helgoland zu organisieren ist so schwierig wie einen 100-Meter-Lauf auf einem Bierdeckel.« Aber die Organisatoren vom

größten Inselverein, dem VfL Fosite Helgoland, bewältigen dies Jahr für Jahr aufs Neue mit einer großen Helferschar, die sich um die Sportler bemüht.

Gelaufen wird ein 10,50 Kilometer langer Rundkurs, der vier Mal bewältigt werden muss. Der Höhenunterschied pro Runde beträgt etwa 75,00 Meter. Heftigste Steigung über 30,00 Meter bedeutet der Millstätter Weg, der so genannte Düsenjäger, der vom Nordostgelände hoch zum Treppenfalm führt. Zahlreiche ehrenamtliche Helfer sorgen durch besondere Anfeuerungsideen wie Kostümierungen oder durch Sambarhythmen für Motivation der Sportler, die immerhin 42,195 Kilometer absolvieren müssen, darunter den schmalen Klippenrandweg, den Weg durchs Wellensturzbecken im Hafenbereich mit anschließender Bewältigung der Außenmole. Aber in Läuferkreisen wird von einem besonderen Landschaftserlebnis gesprochen. Und wer sich nicht auf die lange Strecke machen möchte, kann auch am Minimarathon teilnehmen.

www.helgolandmarathon.de

Maus

Es gibt nur drei verschiedene Hausmausarten und eine davon kommt ausschließlich auf Helgoland vor. Ihr wissenschaftlicher Name lautet Mus musculus Helgolandicus, also Helgoland-Hausmaus. Der Bestand soll übrigens relativ stabil sein. Auch wenn es sich bei ihr um eine besondere Unterart handelt, zum Lieblingstier der Helgoländer hat es für dieses Mäuschen nie gereicht. Im Gegenteil, denn wird man solch einer unliebsamen Mitbewohnerin ansichtig, kommen Fallen zum Einsatz.

Möwen

Wer ein Eis schleckt, ein Krabbenbrötchen verzehrt oder die Pommestüte vor sich hat, ist auf der Straße schnell umringt von potenziellen Mitessern. Aber auch wenn sie noch so sehr betteln, Möwen dürfen auf Helgoland nicht gefüttert werden. Das ist sogar bei Strafe verboten und hat einen triftigen Grund, auf den die Verwaltung per Aushängen auf der Insel folgendermaßen aufmerksam macht:

»Möwen werden immer frecher! Die meisten Möwenarten sind Allesfresser, die je nach Gelegenheit lebende Nahrung oder Abfälle und Aas fressen. Durch die Gewöhnung an menschliches Essen (Eis, Fischbrötchen, Pizza etc.) werden die Möwen zunehmend aggressiver und stürzen sich auf alles Essbare.

Um den Möwen den Snack als Nahrungsquelle zu nehmen und eventuelle Verletzungen von Gästen durch angreifende Möwen zu verhindern, weist die Gemeindeverwaltung Helgoland darauf hin: »Das natürliche Nahrungsangebot ist mehr als ausreichend. Und deshalb ist das Füttern verboten. Bei Zuwiderhandlung wird eine Ordnungsstrafe erhoben.«

Müll

Eine Müllkippe gibt es nicht, der hier produzierte Abfall wird gesammelt und regelmäßig per Frachtschiff zur Entsorgung zum Festland transportiert. Bereits seit 1977 zeichnet das in Wischhafen an der Elbe (Niedersachsen) ansässige Unternehmen Karl Meyer für die Müllentsorgung verantwortlich, das übrigens auch das Frachtgeschäft betreibt sowie den wohl kleinsten deutschen Baumarkt in der Hafenstraße.

Museum

Hier wird von Fischern und Künstlern erzählt und eingetaucht in die wechselvolle Historie: Das auf dem Nordostland gegenüber vom Kraftwerk liegende Museum in der Nordseehalle befasst sich mit der Geschichte der Insel und ihrer Einwohner.

Das Museum beschäftigt sich mit verschiedenen Themenbereichen wie: Leben und Arbeit auf der Insel, Militärgeschichte, die Biologische Forschung, Geologie und Fossilien, Postgeschichte, Seebad Helgoland, Seenotrettung, Genealogie und dem Fotografen Franz Schensky.

Es finden regelmäßig Ausstellungen und Infoveranstaltungen statt, die in Erinnerung an Schensky besonders der Fotografie Rechnung tragen.

Vor dem Museum befindet sich ein neu entstandener Museumshof mit bunten Nachbauten von Hummerbuden, die unter anderem den Blick richten auf den berühmten Schriftsteller James Krüss sowie die Helgoländer Postgeschichte. Dort finden in den Sommermonaten auch wechselnde museumspädagogische Angebote besonders für Kinder statt.

Der Museumsverein betreibt in der Hummerbudenzeile auch zwei Buden, die verstanden werden als Informations- und Kommunikationsanlaufstelle.

Nordostgelände

Es ist erst durch Aufspülungen ab 1938 des vorigen Jahrhunderts künstlich geschaffen worden. Das Nordostgelände auf dem Unterland mit dem Nordosthafen für Motorsportschiffe und Ersatz-»Landungsbrücke«, Aquarium und Biologischer Anstalt, Schwimmbad, Kurmittelbetrieb, Energieversorgungsbetrieben, Tennis- und Minigolfplätzen, Nordseehalle mit Museum, Sportplatz, Jugendherberge und dem naturbelassenen rauen Nordstrand als Eingang zum Felswatt gab es ursprünglich so gar nicht.

Nordseewoche

Jedes Jahr zu Pfingsten wird Helgoland zum Mekka der Hochseesegler. Das hat Tradition. Seit 1922 gibt es die Nordseewoche. Damals hob der Weser-Yacht-Club eine neue Regattaserie für die ganze Küste aus der Taufe. Nachdem die ersten Regatten noch in den Elb- und Wesermündungen stattfanden, ist Helgoland seit 1925 Austragungsort. Die Nordseewoche hat an Zugkraft nichts eingebüßt, bei Seglern wie Touristen gleichermaßen. Sie ist eine der größten Regattaveranstaltungen Deutschlands. Segler stellen sich gern der Herausforderung Nordsee.

Es beginnt mit den Zubringerrennen von der Nordseeküste, schnell füllt sich dann der Helgoländer Südhafen mit schnittigen Yachten. Hochmoderne Rennziegen und familientaugliche Segler liegen hier dicht an dicht im Päckchen. Tagsüber ist sportliches Segeln um den Felsen angesagt, abends werden die Regattapreise vergeben und Party gefeiert. Die Nordseewoche erfreut sich auch bei Nichtseglern großer Beliebtheit, nicht nur, weil dann erfahrungsgemäß jede Menge Trubel herrscht, sondern weil die vor Helgoland kreuzenden Segelschiffe auch ein hervorragendes Bild abgeben. Pfingstmontag leert sich die Insel dann wieder schlagartig.

Polizei

Hier hat übrigens die Wasserschutzpolizei das Sagen – nicht nur zu Wasser, sondern auch an Land. Selbst Verkehrskontrollen führen die Gesetzeshüter durch. Der letzte Mord liegt zwar schon drei Jahrhunderte zurück – ein Eifersuchtsdrama. Aber auch sonst kann sich die Polizei über mangelnde Arbeit nicht beklagen.

Über tausend Einsätze stehen pro Jahr in ihren Wachbüchern. Einbrüche, Internetkriminalität, Schlägereien, Diebstähle und Beziehungsdramen zählen rund ums Jahr zu ihrem Einsatzgebiet. Im Winter ist es etwas ruhiger, da leisten vier Beamte Dienst, im Sommer, wenn die Touristenmassen kommen, erhalten die Inselpolizisten weitere Verstärkung vom Festland. Die Dienststelle liegt im Südhafenbereich an der Hafenstraße.

Ponyclub

Der Ponyclub ist ein kleiner Verein, der seinem Namen jedoch keinerlei Ehre macht, denn Ponys gibt es hier schon lange nicht mehr. Einen Reiterhof betrieb man hier ohnehin niemals. Dafür aber hat der Club sich eine sehr wichtige Aufgabe gestellt, die dem Allgemeinwohl dient. Der Ponyclub betreut die Schafe und Heidschnucken, die auf dem hügeligen Oberland als vierbeinige Rasen-mäher unterwegs sind und durch ihre Fressdienste für eine pollenarme Luft sorgen, für die die Insel schließlich berühmt ist und Allergikern buchstäbliches Durchatmen erleichtert. Auch die Gallowayrinder, die auf den Oberlandwiesen weiden, gehören dem Club, der auf dem Oberland auch einen kleinen Stall für die Tiere hat.

Pinneberg

In der Geschichte haben sich die Zugehörigkeitsverhältnisse ständig gewandelt. Nachdem Helgoland 1890 wieder zu Deutschland gehörte, war bis 1922 der Kreis Süderdithmarschen als übergeordnete Verwaltung zuständig. Danach war Helgoland zehn Jahre lang bis 1932 eigenständiger Landkreis. 1932 wurde die Insel dem Kreis Pinneberg zugeordnet. Auch heute noch ist Pinneberg Kreissitz – so prangt als sichtbarstes Zeichen PI beispielsweise auf den Nummernschildern der Elektrokarren und anderen wenigen Fahrzeugen der Insel. Und so kommt es auch, dass die höchste Erhebung im Kreis Pinneberg sich mitten auf dem Fels im Meer befindet. Wer den 61,30 Meter hohen Pinne-Berg mit seinem markanten Gipfelkreuz erklimmen möchte, kann dies übrigens ganz gemütlich tun bei einem Spaziergang am Klippenrand, der Hügel liegt nur wenige Schritte vom Weg entfernt.

Quartiere

Vom Vier-Sterne-Hotel an der Promenade über Häuser mit gutem und Standardkomfort, Ferienhäuser und Appartements bis hin zum einfachen Privatzimmer in einer Frühstückspension spannt sich der Bogen. Auf gut Glück sollte man sich aber nicht erst auf Quartiersuche machen, wenn man bereits auf der Insel ist. Es gibt auf Helgoland zwar etwas mehr als 2.500 Gästebetten, aber eine rechzeitige vorherige Buchung empfiehlt sich generell und ist vor allem in der Saison zwingend notwendig. Am besten wendet man sich direkt an die Vermieter oder lässt sich seine Unterkunft von der Tourismusverwaltung suchen.

Sansibar

Was hat das herbe Helgoland mit der ostafrikanischen Gewürzinsel Sansibar zu tun? Fälschlicherweise hört man auch heute noch von einem Insel-Tauschgeschäft. Doch wie hinter vielen Märchen gibt es auch hier einen historischen Hintergrund. Kurz nach Gründung des Deutschen Reiches wuchs der Wunsch, das seit 1807 britische Helgoland müsse wieder deutsch werden. 1884 unternahm Reichskanzler Otto von Bismarck den ersten Versuch, blieb allerdings erfolglos. 1889 waren die Briten dann selbst so weit, die Trennung von Helgoland ins Auge zu fassen, weil Parlament und Presse in London kritisierten, man würde doch dort nur ein Seebad für die Deutschen unterhalten. Bismarck hoffte auf bessere Bedingungen. Als es von britischer Seite einen ernsthaften Vorschlag gab, war der Reichskanzler aber schon als Lotse von Bord gegangen. Sein Nachfolger Leo von Caprivi war es schließlich, der sich mit den Engländern einigte. Der schifffahrtsbegeisterte Kaiser Wilhelm II. soll sich mit Helgoland einen Herzenswunsch erfüllt haben. Am 1. Juli 1890 schlossen Deutsche und Briten in Berlin den so genannten »Helgoland-Sansibar-Vertrag«, am 10. August wurde die Insel feierlich im Beisein des Kaisers übergeben. Vertragsgegenstand war übrigens nicht der Tausch von Sansibar gegen Helgoland, wie es oft kolportiert wird. Das Vertragswerk regelte deutsche und britische Einflussgebiete in Afrika sowie Handelsrechte. Sansibar und seine Nebeninseln waren zu damaliger Zeit eigenständiges Sultanat, die Deutschen hatten jedoch einen schmalen Streifen Festlandsküste von Sansibar gepachtet und verstanden sich als Schutzmacht. Nicht überall gab es ein Hurra für Helgolands Wiederdeutschwerdung, und sogar Spott wurde laut. Der englische Afrikaforscher Sir Henry Morton Stanley prägte das Wort, Deutschland habe einen neuen Anzug für einen alten Hosenknopf hergegeben.

Auch wenn es keinen direkten Zusammenhang zwischen den beiden Inseln gibt, so wuchsen doch in den letzten Jahren freundschaftliche Bande, vor allem über die evangelische Kirchengemeinde. Es gab mehrere gegenseitige Besuche, und jedes Jahr im August wird von der Sansibargruppe Helgolands ein buntes kirchliches Festprogramm auf die Beine gestellt.

Schule

Die James-Krüss-Schule auf dem Oberland ist Grund-, Haupt- und Realschule. Inselkinder werden hier bis Abschluss der 10. Klasse von elf Lehrern unterrichtet. Die geringe Schülerzahl von 91 (stand 2010) ist ein Spiegelbild der sinkenden Einwohnerzahl. Um eine weiterführende Schule zu besuchen, müssen die jungen Insulaner dann aufs Festland. Viele kehren nicht mehr zurück.

Schwimmbad

Das 2007 eingeweihte »Mare frisicum spa« auf dem Nordostgelände verfügt über mehrere, mit Meerwasser gefüllte Becken. Der Innenpool hat einen Verbindungsgang zum 230,00 Quadratmeter großen Ganzjahres-Außenbecken. Dazu kommt ein 225,00 Quadratmeter großes Sommerbecken, und Familien mit Kindern können dann auch das Planschbecken im Außenbereich nutzen.
Die Saunalandschaft macht den Schwimmbadbesuch auch im Winter zu einer kuscheligen Angelegenheit, um Wellness und Wärme zu tanken. Ausgestattet ist sie mit finnischer Sauna, Saunarium, Soledampfbad und Ruheräumen mit Meerblick. Die Krönung aber ist ein wohlig beheizter Meerwasser-Whirlpool auf dem Gebäudedach. Im Sommer nutzen Badegäste gern das Außengelände mit Kinderspielplatz und Volleyballnetz. Wer mal keinen Strandtag einlegen möchte, kann hier auf der Liegewiese ausspannen.

Stromversorgung

Jahrelang basierte die Strom- und Fernwärmeerzeugung durch die Versorgungsbetriebe auf Dieselaggregaten. Bis zu zwölf Tankschiffe lieferten dafür den nötigen Treibstoff über See an. Damit war Ende 2009 Schluss: Eine neue Ära der Stromversorgung begann. Helgoland wurde offiziell ans schleswig-holsteinische Stromnetz angeschlossen. Eine Investition durch den Betreiber E.ON Hanse in Höhe von 20 Millionen Euro, denn es wurde ein rund 53 Kilometer langes, zehn Zentimeter dickes und 800.000 Kilogramm schweres Seekabel von St. Peter-Ording nach Helgoland verlegt. Eine Lösung, an der Energieversorger, die Gemeinde Helgoland sowie die Landesregierung gemeinsam gearbeitet hatten, um die Versorgungssicherheit der Insel zu erhöhen, gleichwohl aber auch Verbraucherpreise zu stabilisieren und Zukunftspotenzial zu geben. Positiver Nebeneffekt: Die ohnehin saubere Luft wurde durch Wegfall der Stromerzeugung noch reiner.

Auf unkonventionelle Weise hingegen wird weiterhin in den Versorgungsbetrieben das Wasser gewonnen: Hierzu wandelt die Meerwasserentsalzungsanlage Nordseewasser per Osmosetechnik in Trinkwasser um.

Taxi

Auch wer nicht so gut zu Fuß ist, braucht keine Sorge zu haben. Sowohl auf der Insel können Taxidienste in Anspruch genommen werden als auch auf der Düne, wo es Passagiere und Gepäck zwischen Anleger und Flugplatz transportiert.

Themenwege

Auf Insel und Düne gibt es unterschiedliche Themenwege, auf denen anhand von Schautafeln und Aufstellern Wissenswertes über Kultur, Geschichte und Natur mitgeteilt wird. Bei der Tourismuszentrale im Rathaus gibt es auch die entsprechenden Flyer über diese Themenwege, die für einen lehrreichen Spaziergang sorgen.

Tourismuszentrale

Die Tourismuszentrale hat ihr Domizil direkt im Rathaus, nur ein paar Schritte von der Landungsbrücke entfernt. Sie versteht sich als Anlaufstelle für Touristen mit Informationen, Auskünften sowie Unterstützung bei der Unterkunftssuche, Verkauf von Eintrittskarten beispielsweise für Bunkerführungen, Veranstaltungshinweisen, Prospekt- und Flyermaterial. Buchungen und allgemeine Informationen:
Helgoland Touristik, Telefon 01 80/5 64 37 37, Fax 0 47 25/81 37 25, www.helgoland.de

Trachten

Wenn sich zu Fest- und Feiertagen Mädchen und Frauen in den bunten Trachten zeigen, ist ihnen große Aufmerksamkeit gewiss und das Klicken von Kameras begleitet ihren Weg. Wie alle anderen Trachten auch, hat sich die Helgoländer Tracht aus bürgerlicher Kleidung verblichener Tage entwickelt. Zur Frauentracht heute gehört ein rotes, wollenes Unterkleid, das unten gesäumt ist mit einem dicken, senfgelben Schmuckband. Das Besondere des Unterrockes (Helgoländisch: Paik) sind seine rückwärtigen eingenähten Falten: Es sind sieben an der Zahl und sie symbolisieren die Weltmeere. Über diesen Paik wird ein vorn zugehaktes

Hemd getragen, das aus dem gleichen Stoff besteht wie die Schürze. Ein Schultertuch rundet das Kleid ab, es wird mit einer besonderen silbernen Brosche befestigt: dem Hatjen. Es ist eine Hemdschnelle in Herzform mit allerlei Anhängern wie Lotsenzeichen, Fischen, Münzen, Schiffchen. In der Mitte des Hatjens befindet sich ein Herz und eine silberne Spange. Steht diese Spange offen, ist das Herz der Trachtträgerin noch nicht vergeben. Kopfschmuck der Tracht ist das spitzenbesetzte Brokathäubchen mit einem langen Spitzband im Nacken.

Weitaus schlichter, in Anlehnung an die Fischerkleidung, ist die Jungen- und Männertracht. Dunkelblaue Hose und Pullover, blauweißes Fischerhemd und auf dem Kopf die schwarze, mit einem schwarzweißen Karorand versehene tellerförmige Mütze.

Der 1977 gegründete Volkstanz- und Trachtenverein, der übrigens regelmäßig auch auf Heimatabenden auftritt, bemüht sich um den Erhalt der Trachtentradition. Besonderer Beliebtheit erfreut sich die Trachtenmodenschau als Spiegelbild der Inselgeschichte unter Einflussnahme verschiedener modischer Strömungen.

Veranstaltungen

Der jährliche Veranstaltungskalender bietet diverse Höhepunkte. Er ist gespickt mit Sport, Spaß, Kulinarischem und Feiern. Hier eine Zusammenstellung wiederkehrender Highlights.

Januar

- 6. Januar: Neujahrsempfang der Gemeinde Helgoland

März/April

- 1. März: Feiertag der Insel zur Wiederfreigabe 1952
- Ostern: Osterfeuer auf der Düne
- 1. April: offizieller Saisonauftakt, die Flagge wird zur Düne gebracht
- 18. April: Gedenken an die Zerstörungen 1945 und 1947

Mai

- 2. Maiwochenende: Gerolsteiner Helgoland-Marathon
- Pfingsten: Nordseewoche der Segler

Juni

- Lummentage
- Kniepertage der Gastronomie

- Chorprojekt der Singakademie Singen – Atmen – Seeluft mit Konzerten
- Optimistencup der jungen Segler aus ganz Deutschland
- Inselfest mit Musik, Kinderfest und Budenzauber

Juli/August

- 12. Juli: Tag des Seebäderdienstes
- Ende Juli: Tag der Seenotretter
- Börteboot-Ruderregatta
- Happott-Cup, Regatta der Motorboote
- Feuerwehrsommerfest mit Kinderspielen
- Beach-Soccer-Cup auf der Düne
- Beachvolleyball-Turnier auf der Düne
- 10. August: Börtebootregatta

September

- Bridgewoche

Oktober
- Birdrace und Vogelzugtage

November
- 10. November: Martinstag mit Laternenumzug

Dezember/Januar
- 5. Dezember: Umlaufen der verkleideten Inselkinder
- Silvesterfeier in der Nordseehalle und großes Höhenfeuerwerk von der Landungsbrücke
- Kegelrobbentage mit Führungen auf der Düne

Verkehr

Dass die Insel weitgehend frei von Fahrzeugen mit Verbrennungsmotoren, aber auch von Fahrrädern ist, verdankt sie einer Ausnahmeregelung der Straßenverkehrsordnung. Hier gilt folgende Sonderregel: Gemäß § 50 StVO dürfen keine Kraftfahrzeuge oder Fahrräder geführt werden. Von diesem Verbot befreit sind Rettungskräfte sowie der Zoll. Sondergenehmigungen gibt es aber auch für Baufahrzeuge sowie das Taxi zum Flugplatz. Bei Transport- und Lieferverkehr werden Elektrokarren eingesetzt, die Fahrzeuge fahren mit Elektrokraft.

Außerdem gibt es im Herbst und Winter für Kinder eine Ausnahmeregelung, dann nämlich dürfen auch die jungen Insulaner Fahrrad fahren oder Rollschuh laufen.

Nicht wegzudenken aus dem bunten Veranstaltungsreigen ist die Volkstanz- und Trachtengruppe, die sich der Tradition verbunden fühlt.

Volkstanz- und Trachtengruppe

Traditionspflege hat sich die Volkstanz- und Trachtengruppe Helgoland auf ihre Fahnen geschrieben. Auch sie sind lebhafte Botschafter ihrer Insel und begeistern in den bunten Trachten die Touristen. Es gibt sowohl eine Kinder- als auch eine Erwachsenentanzgruppe. Das Bewahren kulturellen Brauchtums ist der Gruppe wichtig – und so gibt es auch eine stattliche Zahl verschiedener historischer Inseltrachten aus unterschiedlichen Epochen. Die Volkstänzer treten auf Heimatabenden auf und sind auf vielen Festveranstaltungen der Insel zu erleben.

Wappen

Grün ist das Land, rot ist die Kant, weiß ist der Sand – das sind die Farben von Helgoland. Eigentlich entstehen kommunale Flaggen auf

Das silberne Hatjen ist ein wertvoller Bestandteil der Frauentracht.

Grundlage von Wappen ihrer Gemeinde. Auf Helgoland war der Weg aber genau umgekehrt. 1696 erhielt die Insel vom Herzugtum Schleswig-Holstein-Gottorf eine Schifffahrtsflagge verliehen in den Farben Grün-Rot-Weiß. Diese Flagge und nicht das Kirchspielsiegel mit dem heiligen Nikolaus sollte sich durchsetzen und ist offizielles Wappen der Gemeinde Helgoland. Der Spruch in Verbindung mit dem Aussehen der Insel kam übrigens erst im 19. Jahrhundert auf.

Wasser- und Schifffahrtsamt

Der Hafen ist auf Helgoland Bundesangelegenheit. Zuständig ist das Wasser- und Schifffahrtsamt Tönning (Schleswig-Holstein), das hier einen Außenbezirk unterhält. Die rund 15 Mitarbeiter nehmen umfangreiche Tätigkeiten wahr. Sie sind zuständig für die Seewasserstraßen um die Insel, den Schutz- und Sicherheitshafen (Süd- und Vorhafen), den Binnenhafen sowie für die Schutzmauern und den Kringel. Zum Aufgabenfeld gehören die Wartung und Instandhaltung von Fahrwassertonnen an 28 Positionen, von elf festen Seezeichen (z. B. der Leuchtturm sowie die Richtfeuer auf der Düne und am Binnenhafen), der elektronischen und elektrischen Einrichtungen einschließlich des Großraumradars Deutsche Bucht, Es werden rund 6.000 Meter Molen, Kajen und Uferschutzbauten unterhalten. Das WSA betreibt das Hafenbüro, das zuständig ist für die Berufs-, Behörden-, Fischerei- und Bäderfahrzeuge, die Schiffsregistrierung, das Kassieren von Liegegebühren und Kurabgaben. Darüber hinaus erfolgt von hier aus auch Planung und Überwachung bei Arbeiten an Hafenbauwerken.

Wohnraum

Wohnraum ist knappes und wichtiges Gut. Es gibt 965 Wohnungen, die meisten befinden sich in Ein- und Zweifamilienhäusern. Die durchschnittliche Wohnfläche auf Helgoland beträgt 68,20 Quadratmeter, sie liegt erheblich unter Festlandsschnitt (Landesdurchschnitt einer Wohnung in Schleswig-Holstein: 87,40 Quadratmeter).

Zeitung

Die Monatszeitschrift »Der Helgoländer« ist ein Exot in der Zeitungslandschaft. Bei nur geringer Auflage von rund 3.000 Exemplaren geht die Monatszeitschrift in 14 Länder der Erde und wird in erster Linie von Abonnenten gelesen, die sich der Insel Helgoland verbunden fühlen. Der Helgoländer ist eine Mischung aus monatlicher Lokalzeitung und Magazin, ein Bindeglied zwischen Insel und Festland.

Aus der Taufe gehoben wurde die Zeitschrift von Helgolandfreund und Verleger Herbert Huster. Die erste Ausgabe erschien im August 1964, seinerzeit noch als Beilage der in Otterndorf und Cuxhaven erscheinenden Niederelbe-Zeitung/Cuxhavener Allgemeine. Der Helgoländer wird heute noch in Otterndorf redaktionell und technisch produziert im Hause der Niederelbe-Zeitung der Cuxhaven-Niederelbe Verlagsgesellschaft. Er erscheint jeweils am ersten Donnerstag eines Monats. Kontakt:

Der Helgoländer, Gutenbergstr. 1, 21762 Otterndorf, Telefon 0 47 51/90 11 42

Zoll

Gut und günstig einkaufen, das macht Helgoland für Shoppinglustige so interessant. Die Insel ist Zollausland und gehört in dieser Hinsicht nicht zur EU. Dieser historisch bedingte Glücksfall kommt den Touristen heute zugute, denn auf der Zoll und Mehrwertsteuer befreiten Insel wird vieles viel günstiger angeboten.

Der Ursprung für die Zollfreiheit stammt noch aus der Zeit der englischen Herrschaft und wurde auch nach Übergabe an das Deutsche Reich 1890 vertraglich abgesegnet. Selbst nach Wegfall der Butterfahrten blieb Helgolands privilegierter Zollstatus unberührt.

Schottische Wolldecken waren in den 60er und 70er Jahren der Hit. Noch bis in die 90er Jahre hinein gehörte es zur ersten Touristenpflicht, 5 Kilo schwere Butterpakete von der Insel zu schleppen. Heute darf es gern der schottische Malt, die edle Havannazigarre oder das sündhaft teure Parfüm sein.

Eine Stärke der kleinen Zollfreigeschäfte ist übrigens die Beratung. Und nicht wenige Verkäufer haben sich zu wahren Spezialisten entwickelt und können aussagekräftige Bewertungen über Produkte und Qualitäten treffen. Bei teuren und seltenen Whiskys, Cognacs, edlen Obstbränden oder Wodkas, einer Stange Zigaretten oder Zigarren macht sich

INSULANERTIPP

Was lohnt sich denn besonders einzukaufen? Geschäftsfrau Katja Cohrs: »Auf jeden Fall Luxusartikel, die werden ja auch auf dem Festland nicht verramscht. Und hier wird ein guter Preisvorteil geboten, zum Beispiel bei schöner Kosmetik, guten Parfüms, Zigarren oder hochwertigen Whiskymarken.«

Gute Fachkenntnis über ihr Warenangebot zeichnet viele Helgoländer Geschäftsleute aus. Schließlich gibt es ja auch bei edlen Malt-Whiskys jede Menge Unterschiede.

der Einkauf bezahlt. Ein Preisvergleich lohnt sich ebenso bei Parfüms, kosmetischen Produkten, Kameras, Ferngläsern, Schmuck oder Uhren oder hochwertiger Marken- und Outdoorbekleidung. Dem Einkauf sind Grenzen gesetzt. Es gibt Zollfreimengen, und auch die Höhe ist festgelegt auf 430 Euro (Reisende unter 15 Jahren 175,- Euro). Schmuggeln lohnt sich nicht, denn der Zoll kontrolliert die Abreisenden. Und wenn bei solch einer Taschenkontrolle festgestellt wird, dass eine Grenzüberschreitung vorliegt, ist die Nachzahlung empfindlich hoch, und selbst eine Anzeige droht. Im Zweifelsfall sollten Sie sich vorher mit dem Zollamt Helgoland in Verbindung setzen. *Telefon: 0 47 25/3 04*

So viel dürfen Helgoland-Reisende von der Insel mitnehmen:
Tabakwaren (Mindestalter 17 Jahre): 200 Zigaretten oder 100 Zigarillos oder 50 Zigarren oder 250 Gramm Rauchtabak oder eine anteilige Zusammenstellung dieser Waren.
Alkohol und alkoholhaltige Getränke (Mindestalter 17 Jahre): 1 Liter Spirituosen mit einem Alkoholgehalt von mehr als 22 Prozent oder 2 Liter Spirituosen mit einem Alkoholgehalt von 22 Prozent oder weniger, oder eine anteilige Zusammenstellung dieser Waren und 4 Liter nicht schäumender Weine (oder 2 Liter Schaumweine) oder Likörweine und 2 Liter Wein.
Kaffee (Mindestalter 15 Jahre): 500 Gramm Röstkaffee oder 200 Gramm löslicher Kaffee.

Max Arnhold
Schiffsunglücke vor Helgoland
16.–20. Jahrhundert

Die Insel Helgoland war von jeher ein beliebter Ausgangspunkt für Schiffe, bevor es in die gefährlichen Flussmündungen ging. Im Lauf der vergangenen vier Jahrhunderte ereigneten sich in den stürmischen Gewässern vor Deutschlands einziger Hochseeinsel zahlreiche Schiffsunglücke und Strandungen. Das Buch führt diese auf und geht dabei auch auf die Entwicklung des Leuchtfeuers und das sich ständig ändernde Strandrecht ein.

16 x 24 cm | 160 Seiten
zahlr. s/w-Abbildungen
geb. mit Schutzumschlag
ISBN 978-3-7822-0975-5

KOEHLER
Ein Unternehmen der Tamm Media
www.koehler-books.de
vertrieb@koehler-books.de

Adolf Sievers

Vom Schiffsjungen zum Kapitän

Im zarten Alter von 14 Jahren beginnt der Autor 1877 eine Reise
ins Ungewisse. Nach einer erlebnisreichen Zeit auf den Weltmeeren
berichtet er in seinen biografischen Aufzeichnungen von seinem
spannenden Seemannsleben. Mit kindlich unverstelltem Blick und
packend erzählt, bietet dieser Band echtes Seemannsgarn.

14 x 22,5 cm | 142 Seiten
Broschur
ISBN 978-3-7822-1015-7

KOEHLER

Ein Unternehmen der Tamm Media
www.koehler-books.de
vertrieb@koehler-books.de